関満博・古川一郎 編

「ご当地ラーメン」の地域ブランド戦略

新評論

全国10地域・「ご当地ラーメン」の熱い取り組み

旨!

八幡浜

★9章

いりこ・鶏ガラのあっさりスープ太めのストレート麺、どっさりの具が特徴、「しらいし食堂」の八幡浜ちゃんぽん

旭川

★1章

（右）旭川の老舗「らうめん青葉」の店先。ジャージャー麺を参考に旭川ならではの味をアレンジ
（左）豚骨ベースに魚介を加えたあっさり味の醤油スープと縮れ麺、旭川ラーメンの原型を作った「蜂屋」のラーメン

和歌山

★2章

（右下）ストレート細麺、チャーシュー・メンマ・ネギのシンプルな具に蒲鉾を添える和歌山ラーメン。全国にその名を知らしめた「井出商店」のラーメン
（左上）地元特産の蒲鉾が彩る「山為食堂」のラーメン
（左下）東京に味を広げた「まっち棒」のラーメン

上州

★4章

(右)無かんすい・小麦粉100%のモチモチの手打ち麺、様々な食材をブレンドした味わい深いスープ。「宮口軒」の純手打羅阿麺

(左下)青竹打ちの中太麺、あっさり奥深い味わいのスープが自慢、「みやご食堂」の中華そば

釜石

★5章

(右上)工夫を重ねる旧「廣島屋」のトマトラーメン。ワインと相性抜群

(右下)「あゆとく」のこだわり自家製超極細麺

(左下)極細縮れ麺、透き通ったあっさりスープが特徴、釜石ラーメンの原型を生んだ「新華園」の醤油ラーメン

八王子

★6章

醤油スープとその表面に浮いた油・ストレート細麺・刻み玉ねぎが特徴、八王子ラーメンの元祖「初富士」

旨!

熊本

★3章

白濁豚骨スープに太麺、にんにくをきかせた熊本ラーメン。その味を中国をはじめ世界に広げる「味千」の定番「味千ラーメン」。右下は味千上海香港広場店

笠岡

★7章

（上）鶏ガラをふんだんに使ったスープと煮鶏が特徴の笠岡ラーメン。この懐かしの味を復活させようと、笠岡商工会議所青年部のメンバーが立ち上げた「笠岡らーめん屋台プロジェクト」の屋台
（右）屋台プロジェクトの中心となった「味々亭」のラーメン
（下右）同じくプロジェクトの中心メンバー「お多津」の月3回限定の“幻のラーメン”
（下左）50年間味を守り続けている笠岡一の老舗「坂本」の中華そば

旨！

伊那
★8章

旨！

焼きそばでもなく、ラーメンでもない不可思議な麺、やみつきになる奥深い味わい…伊那名物「ローメン」は女性を中心に人気を集め、独自の味を高めつつある
（上）「うしお」の焼きそば風ローメン
（下右）ローメン誕生の地の「屋台」の店先
（下左）「萬里」のスープ風ローメン（並盛と超盛）

沖縄
★10章

いまや全国にファンを持つ沖縄そば＝うちなーすば
（上）豊見城市の複合商業施設「とみとん」内に常設された「沖縄そば博」
（下左）沖縄そばの一種、宮古そば
（下右）新たな取り組み、「沖縄ソーキそば缶」の試作品

「ご当地ラーメン」がまちをひとつにする

日本人は麺好きだが、その中でも**ラーメン**は別格の感がある。
とりわけ数十年前からの第一期というべきラーメンブームを基礎に、
二〇年ほど前からは各地で独特なラーメンが掘り起こされ、
人びとを惹きつけていくことになる。
現在では全国の至る所で「**ご当地ラーメン**」が人びとを楽しませている。
私たち日本人は、「一杯のドンブリの中でラーメンを究めよう」としている。
そのような意味で、ラーメンはB級グルメの中でも独特な位置にあり、
その頂点にあるといってもよさそうである。
本書では、北は北海道から南は沖縄まで、
もはや老舗といえる銘柄のほか、新しい麺による挑戦も取り上げた。
この報告を機に、私たちの「食」と「暮らし」をベースにする
まちおこしへの「思い」が深まっていくことを願っている。

本書に登場する「全国ご当地ラーメン」地図

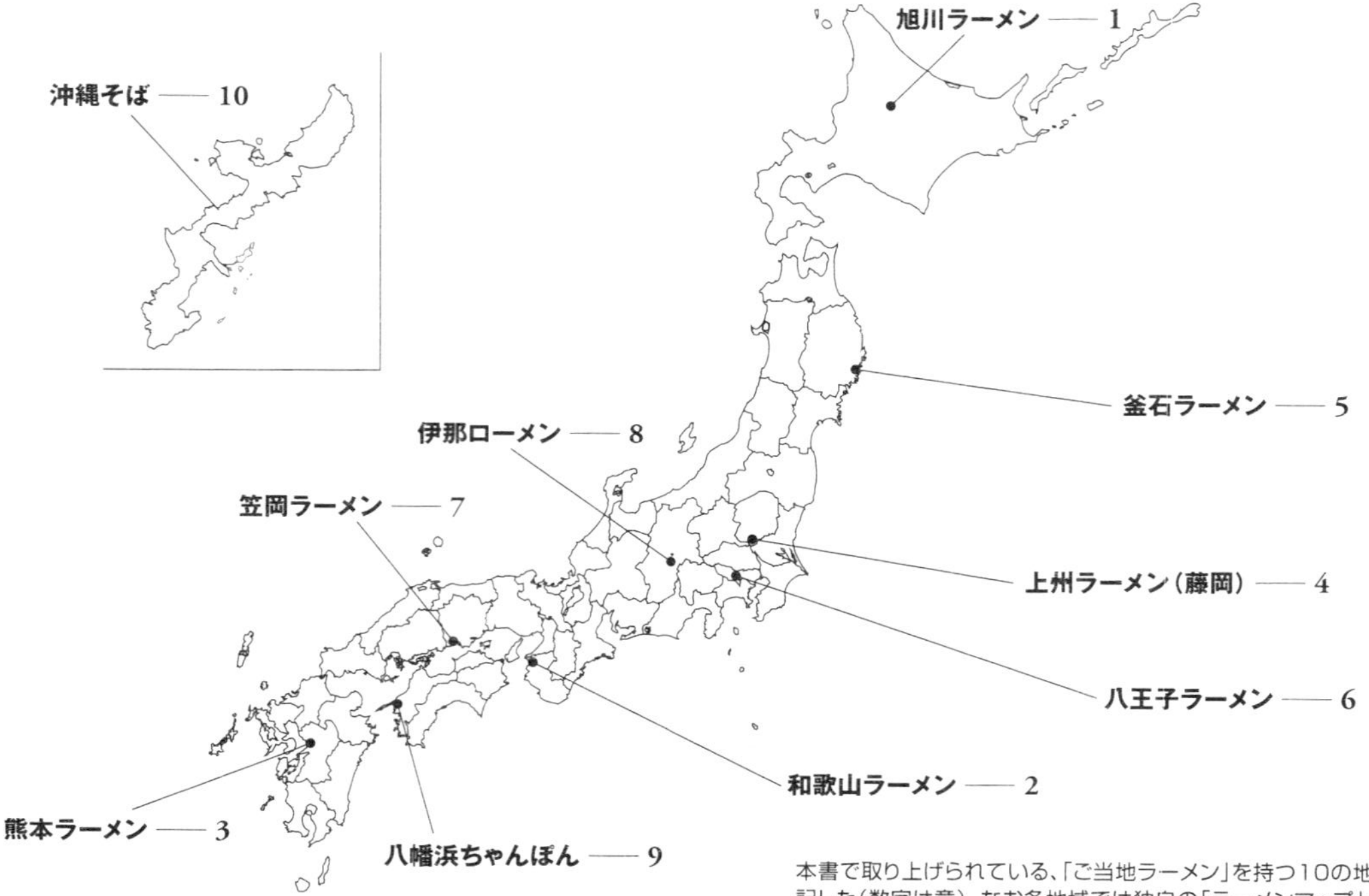

本書で取り上げられている、「ご当地ラーメン」を持つ10の地域を記した（数字は章）。なお各地域では独自の「ラーメンマップ」（多くがウェブで公開されている）を作成しているので、食べ歩きや研究にぜひ活用していただきたい。

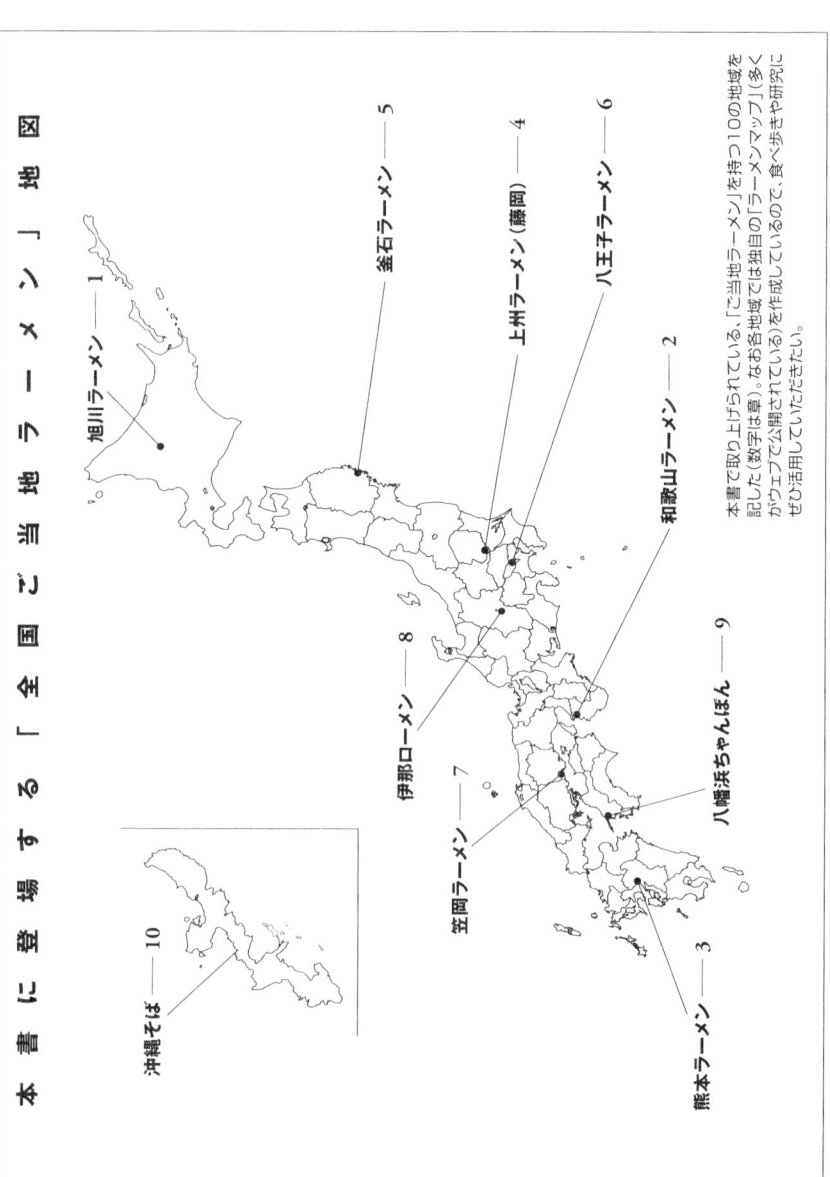

はじめに

近年、「B級グルメ」によるまちおこしが各地で取り組まれている。ラーメン、焼きそば、カレー、ハンバーガーなど、私たちの周りのごく普通の「食」に光が当てられ、人びとを楽しませてくれている。これまでのまちおこしと言えば、伝統的な地場産業の再生、企業誘致など、まなじりを決して取り組まれてきたものが多いが、「B級グルメ」によるまちおこし、地域産業振興は、そうしたものとはかなり様相が異なるように見える。多くの市民が参加できること、当事者は必死の面持ちであるにしても、どこかほのぼのとしたゆとりのある取り組みであることも興味深い。私たちの社会が、それだけ成熟してきたことの証なのかもしれない。

二〇〇六年からは全国的なイベントとなってきた「B級ご当地グルメの祭典！　B―1グランプリ」が賑やかに開催され、各地で大切に育てられてきた「B級グルメ」も市民権を獲得してきたようである。そして、このような動きに触発され、さらに各地で新たな取り組みが重ねられつつある。それは、人びとに新たな「希望」を与えることにもなっているのである。

このような中で、「ラーメン」は独特な位置にあるように見える。数十年前から「札幌ラーメン」「博多ラーメン」などの名称が広く知られ、即席麺としても広く流通していた。札幌の薄野や博多の中州の飲み屋街には、特色のあるラーメン店が展開し、地域性を深く主張していたものであった。札幌や博多は観光客、ビジネス客が多く、彼らを通じて全国に知られ、さらに、即席麺メーカーが加わり、そして、全国的なチェーン展開が行われ、人びとの食生活に深く浸透していったのであった。

このような第一期というべきラーメンブームを基礎に、二〇年ほど前からは、各地で独特なラーメンが掘り起こされ、人びとを惹きつけていくことになる。「喜多方ラーメン」「佐野ラーメン」「東京ラーメン」「和歌山ラーメン」「尾道ラーメン」「熊本ラーメン」などが早い時期から注目されていった。その後は、各地の取り組みが深まり、現在では全国の至る所で「ご当地ラーメン」が人びとを楽しませているのである。

なお、「ラーメン」と言えば、中華風の香りを漂わせてはいるものの、中国の各地を探訪しても、日本各地で見られる「ラーメン」に似たものに出会うことはない。「麺」そのものが異なり、味付け、作り方も異なっているように見える。「食文化」の国の中国においては、「湯麺」は幅の広い中華料理の中の一つにしかすぎないのかもしれない。この中国の「湯麺」と日本の「そば」「うどん」とがどこかで交じり合い、日本で独特に発展し、高められたものが「ラーメン」ということではないかと思う。

それにしても、日本にはラーメン好きが多い。また、各地域のお店は競って「ラーメン」を高めようとしている。まさに、私たち日本人は「ラーメンを、一杯のドンブリの中で究めよう」としているのではないかとさえ思える。そのような意味で、「ラーメン」はB級グルメの中でも、独特な位置にあり、その頂点にあるといってもよさそうである。

このような中で、地域産業振興、まちおこしに従事する私たちにとって、近年のB級グルメをめぐる動きは、新たな認識を与えてくれるものであった。いずれの各地のB級グルメも、地域の人びとの「食」と「暮らし」の中で育てられたものであり、地に深く足をおろしたものであること。そのため、どなたも楽しく気持ちを寄せることができること。それはまなじりを決した地場産業の再生や企業誘致といった伝統的な地域産業振興、まちづくりとは一線を画し、新たな成熟社会の到来を深く認識させるものでもあった。地域産業振興やまちづくりは、人びとに「希望」と「勇気」を抱いてもらうことが最大のポイントであることを痛感させられたものであった。いわば「B級グルメ」への人びとの「思い」の結集は、成熟社会における地域産業振興、まちづくりの「第三の道」と言うことができそうである。

このような視点に立って、私たちはこれまでいくつかの報告を提出してきた。全国各地の多様な「食」によるまちおこしに着目した『「食」の地域ブランド戦略』(関満博・遠山浩編、新評論、二〇〇七年)、各地の「B級グルメ」を焦点にしたまちおこしを扱った『「B級グルメ」の地域ブランド戦略』(新評論、二〇〇八年)、そして、特に全国の中小都市で取り組まれている「B級グルメ」によるまちおこしを扱った『中小都市の「B級グルメ」戦略』（新評論、二〇〇八年）を公刊している。それらの中で「ラーメン」に関してもいくつか扱ったが、「ラーメン」だけを取り扱った『報告』が欲しいとの要望も多く、今回、取り組むことにした。構成するにあたっては、全国のケースを検討したが、いずれも興味深いものばかりであり、選定するにあたってはずいぶんと悩まされた。

今回取り上げたケースは、北は北海道から南は沖縄まで。地域的な分布、ある程度知名度を得ているものから、これからというものなども考慮した。各地域の取り組みに接することにより、私たちの「食」と「暮らし」をベースにするまちおこしへの「思い」が深まっていくことを願っている。なお、本書を作成するにあたり、多くの人びとから多大な協力をいただいた。十分な内容になっているかは皆様のご判断を待つしかないが、今後も深くお付き合いをさせていただくことでご容赦いただければ幸いである。最後にいつも編集の労をとっていただいている山田洋氏、吉住亜矢さんに深く感謝を申し上げたい。まことに有り難うございました。

二〇〇九年一月

関　満博
古川一郎

「ご当地ラーメン」の地域ブランド戦略／目次

第Ⅲ部　ラーメンの範疇を超える「ご当地麺」

序章　「ご当地ラーメン」によるまちおこし

関　満博

人口減少社会、高齢社会を迎え、特に地方では地域活性化に向けて新たな取り組みを重ねようとしている。大都市圏の中にある地域、あるいは新幹線や高速道路等の高速交通体系に恵まれている地域などでは、次世代型のハイテク産業などを焦点に、新産業創造、企業の誘致などを活発に進めている。だが、日本の地方の多くの地域は、そのような条件に恵まれていない。特に、平成の市町村の大合併により、このような問題が浮き彫りにされることになった。

合併からとり残された市町村、あるいは、合併により広大な中山間地域を抱えた市町などでは、従来の市街地を対象にした産業政策だけではいかんともし難く、新たな取り組みを余儀なくされている。そして、このような地域の多くでは「食」、特に「B級グルメ」による地域活性化、まちづくりが指向されている。このような各地の取り組みに関しては、私たちはすでにいくつかの報告を提出している(1)。全国の至る所で興味深い取り組みが重ねられ、そして、そこに集う人びとは、実に活き活きと輝いているのであった。

大きな工場の誘致などによる雇用の創出などとは性格が異なるが、その人びとの輝きを見ていると、地域の活性化は雇用の増大、税収の増加ばかりではなく、人びとの「こころ」の問題でもあることを痛感させられる。「農」や「食」による地域おこしは、成熟社会の一つのあり方なのかもしれない。こうした側面に注目し、本書では、特に「B級グルメ」の中でも独特な位置にある「ご当地ラーメン」に注目し、各地の取り組みの現状とその意味するところを探っていくことにしたい(2)。

なお、本書全体の序章であるここでは、本書の目指すところと、以下に続く各章で論じられる基本的な方向について明らかにしておくことにする。

一 「ご当地ラーメン」をめぐる状況

私ごとで恐縮だが、五〇年ほど前の小学四～五年生の頃、私は秋田県由利本荘市で暮らしていたのだが、母と映画を観た帰りに立ち寄るラーメン屋のことが忘れられない。縮れ麺の薄い醤油味にチャーシュー、支那竹、海苔に若干のネギが刻まれているものであった。子供心に、それを食べるのが何よりの楽しみであった。その後、このタイプのラーメンは、支那そば、あるいは中華そばと言われていることを知った。六年生の時に東京に転居したが、近くのラーメン屋では野菜の沢山入った塩味のタンメンなるものがあり、これにもはまった。

そのうち、味噌味仕立ての札幌ラーメンが普及し、即席麺の札幌ラーメンは受験生時代の夜食でたいへんにお世話になったものであった。また、豚骨スープの博多ラーメンに出会ったのは四〇年ほど前の大学生の頃、新宿の店に通ったものであった。

周囲の方々とラーメン談義をしていると、おそらく、団塊世代ぐらいの方のラーメン体験は、ほぼこのようなものであった。その後、東京には多様なラーメンが登場し、まるで近代オリンピック状況になり、種目もさらに細分化されていったように思う。

たまたま仕事がら二五年ほど前から中国の各地を訪れる機会が多くなり、勝手に「中国がラーメンの故郷」と思い込み、各地で挑戦した。だが、それは日本のラーメンとは全く異質なものであり、「湯麺」「うどん」というべきものであった。日本に戦前からあるとされる支那そばらしきものも、中国で見かけたことはない。むしろ、台湾の田舎で日本の支那そばに極めて近いものに出会ったことはある。これはむしろ戦前の日本の影響ではないかと思う。

日本のラーメンは、どこかで中華料理の趣を漂わせながら、独自に発展した「日本食」であり、また、日本の各地で地元の材料をベースにして独特に発展していったのであろう。

まちおこしとご当地ラーメン

日本の各地には独特の「ラーメン」がある。本書で採り上げたものはそのほんの一部であり、まちの数だけ「ご当地ラーメン」があるのではないかとさえ思える。カレーライスと共に、近代日本で最も普及した日常食の一つではないか。しかもラーメンの多様性は群を抜いている。麺、具、スープのバリエーションは単純なようで、実は無限ではないかとさえ思える。日常食の中で、これほどシンプルで多様性に富んだ「食」はないのではないか。

また、地域性を背景に興味深い広がりを示したが、同時に、近年は「道を究める」型の展開に踏み出していることも興味深い。東京の繁華街では「店主の個人名」のついたラーメン店も目立つものになってきた。地域性を背景にする「地域ブランド」から、個人名を冠する「ブランド」のラーメンまでが数多く登場してきたのである。日本はまさに平和な「ラーメン王国」と言うべきではないかと思う。

日本は一億総ラーメン専門家とさえ言われ、ラーメン談議を始めるときりがない。一億のラーメン論があるのではないかと思う。そのような中から、本書は「地域活性化、まちおこしとご当地ラーメン」という視点から論じていくことにする。「B級グルメによるまちおこし」は、B—1グランプリの主催者の一人である野瀬泰伸氏が指摘するように、「金がかからず」「箱物がいらず」「地域の共通理解が初めから存在し」「失敗してもケガ人がでない」のであり、成熟した飽食の時代のまちおこしの新たな主役の一人になるのであろう。

成熟時代の新たな「価値」の創造

振り返るならば、ラーメンは他の「B級グルメ」から一歩先んじて、数十年前というかなり旧い時代から「ブーム」を経験している。札幌ラーメン、博多ラーメンが象徴的であろう。だが、このようなビッグネームのラーメンは、すでに一般食化しており、近年の地域の人びとによる「まちおこし、地域活性化」とは別の次元のものになっている。寡聞ながら、地域の人びとをベースにした札幌ラーメンや博多ラーメンの愛好者集団はなさそうである。他方、本書で採り上げるようなご当地ラーメンの多くの場合には、この十数年の社会の成熟化の中で、地域を盛り上げるものとして注目され、完成度を高めながら、地域の人びとの「思い」の結集として興味深い流れを形成してきた。

そこに集う人びとは、自分たちの大事にしている地域の「食」「ご当地ラーメン」を発見し、そこに新たな価値を見出していったのである。各地の「B級グルメ」、そして「ご当地ラーメン」への注目は、そのような文脈で理解することができる。私たちは新たな「価値」を創造しているのである。そして、このように地域の人びとに愛され、完成度を高めてきた「ご当地ラーメン」は全国的に注目されていく。私たちは、ようやく自らを振り返り、地に足のついた興味深い世界にたどりついたのであろう。「B級グルメ」「ご当地ラーメン」が注目されている現在を、私たちはそのように見ていかなくてはならない。

以上のような点に注目し、本書は全国の各地で取り組まれている「ご当地ラーメン」による「まちおこし、地域活性化」に光を当てていくことにしたい。なお、本書で採り上げるケースの多くは、必ずしも全国的に知名度の高いものではない。だが、いずれのケースも地域の人びとの熱い「思い」の結集の下で興味深い歩みを形成しつつある。明らかに、地域の人びとは自分たちの「暮らし」の中で育まれてきた地域性に富んだ「食」に新たな価値を見出し、自分たちを豊かにするものとして暖かな視線を向けている。それは、地域の人びとが地域に目覚め、地域を良くしていくことに新たな「価値」を見出したことを意味するであろう。日本の「地域」はまことに興味深い時代に踏み込んでいるのである。

二　本書の構成

日本では、まちの数ほど「ご当地ラーメン」があるのではないかと思わせるが、本書では全国の中から地域的配置を考慮し、一〇のケースを採り上げる。また、「ご当地ラーメン」と題しながらも、厳密な意味では「ラーメン」の範疇を超えるいくつかのケースも採り上げる。例えば、第8章の「伊那ローメン」、第9章の「八幡浜ちゃんぽん」、第10章の「沖縄そば」である。これらを採り上げるのは、むしろ、「ご当地ラーメン」の議論を豊かなものにしていくためと考えている。完成度を高める方向に向かう「ご当地ラーメン」と、その周辺を構成するいくつかの興味深い「麺」を見ていくことにより、私たちは「食」と「まちおこし、地域活性化」に新たな可能性を付け加えるものと考えているのである。

なお、本書は大きく三部構成にしてある。第Ⅰ部は「ご当地ラーメン」の老舗というべきものを採り上げ、第Ⅱ部は「ご当地ラーメン」の新たな取り組みをみせているケースに注目し、そして、第Ⅲ部では「ラーメン」の範疇をやや超えている「ご当地麺」に注目していくことにしたい。なお、各章の意図するところは、以下の通りである。

第Ⅰ部　「ご当地ラーメン」の老舗

第1章の「旭川ラーメン／地域性と市民の想いが詰まった一杯」は、北海道を代表するご当地ラーメンの「旭川ラーメン」に注目する。旭川は北海道の物資の集散地であり、多様な食材が調達できる。また、寒冷地であることから身体を温めるラーメンが模索され、人びとに深く愛されてきた。さらに、先駆的に「ラーメン村」を形成し、市民、観光客を幅広く受け入れてきた。ラーメン店、市民、行政など地域の全ての要素を取り込み、興味深い展開を示してきたのである。ご当地ラーメンの老舗でありながら、常に進化をしているのである。

第2章の「和歌山ラーメン／ご当地グルメの先駆者のいま」は、一九九〇年代後半の「ラーメンブーム」を牽引したものとして知られている「和歌山ラーメン」を採り上げる。その歩みはご当地グルメの一つのあり方として興味深い。地域の『情報誌』などが積極的に情報を発信し、多く成果をあげてきた。特に「お持ち帰りご当地グルメ」としても興味深い成果をあげている。そして、現在は地元の郷土料理としての位置を確固たるものにし、地域団体商標登録も取得している。「城見物」「庭園観光」に限定されていた和歌山に「食べ歩き」という興味深い可能性を付け加えてきたのである。

第3章の「熊本ラーメン／味千ブランドの海外展開」は、地域から生まれた庶民の味であるB級グルメの代表選手であるラーメンの海外展開に踏み出している「味千ラーメン」を採り上げる。基本的な味は変えないという「標準化」、現地のパートナーと良い関係を形成する「共同化」、そして、経営は現地に任せるという「現地化」を軸に、中小企業、地域ブランドの海外展開に新たな可能性を導き出した。「食」は「文化」であることから、世界にまで「熊本」の名を拡げている意味は極めて大きい。

第4章の「上州ラーメン／ブームの後のB級グルメを考える」は、早い時期から群馬県の「ご当地ラーメン」として知られてきた「上州藤岡ラーメン」を採り上げる。群馬などの北関東は小麦文化圏であり、各地に興味深い「ご当地B級グルメ」が存在している。このような中で、早い時期から動きのあった上州ラーメンは、一つの時代が過ぎ、踊り場にさしかかっているように見える。ただし、地域の「食」をめぐる環境は実に幅が広く、今後、それらの再発見、再評価の中で、新たな展開に踏み出していくことも期待される。

第Ⅱ部　地域の新たな取り組み

第5章の「釜石ラーメン／鉄の町の誇り『極細ちぢれ麺』」は、新日鐵釜石製鉄所の発展の中で育まれてきた「釜石ラーメン」に注目する。釜石ラーメンの一つの大きな特徴は、お客を待たせないという条件の下で開発された「極細ちぢれ麺」である。ただし、新日鐵の高炉は閉鎖され、人口はほぼ半減した。そのような環境の中で、新たな「まちおこし」の起爆剤として、改めて鉄のまちの伝統を踏まえる釜石ラーメンが注目されている。現在、新たな担い手が登場し、鉄のまち以降の新しいまちを作っていく起点として、釜石ラーメンが注目されているのである。

第6章の「八王子ラーメン／首都圏郊外都市の取り組み」は、首都圏郊外の最大都市である八王子の取り組みに注目する。八王子はかつて織物で栄えたが、近年は首都圏郊外の住宅都市、ハイテク産業都市、学園都市としての性格を強めている。そのような中で、観光への関心が深まり、その一つの象徴として、地域で育まれてきた「八王子ラーメン」が注目され始めている。市内の大学が動きを見せ、市民も関心を深め始めてきた。まさに、八王子では、人びとに親しまれてきたご当地ラーメンが、大きく羽ばたこうとしているのである。

第7章の「笠岡ラーメン／記憶の味を復活させた『まちおこし』」は、一〇年前に消え去った懐かしの「味」を復活させ、地域の活性化につなげていった岡山県の「笠岡ラーメン」のケースを採り上げる。そして、この過程を通じて、笠岡ラーメンは重層的な展開をみせるものとなり、まだ全国的には知名度は低いものの、少なくとも西日本のラーメン通の注目するものとなってきた。こうした流れを促したのは地元の青年会議所のOBたち。まちおこしを常に意識しながら、戦略的にものごとを構想し、実行に移していったのであった。

第Ⅲ部　ラーメンの範疇を超える「ご当地麺」

第8章の「伊那ローメン／地域の人びとに愛されて五〇年」は、長野県伊那地方で五〇年ほど前に生まれた「チャーローメン」こと、「伊那ローメン」に着目する。ラーメンでもなく、焼きそばでもないと言われる伊那ローメンは、蒸麺と羊肉をベースにするものであり、スープ風、焼きそば風の二つの流れを形成してきた。また、お客が自分流に味付けするという興味深いスタイルをとっている。伊那地方以外にこのような「麺」はない。「最初はよく分からないが、だんだん虜になる」とされ、地域に深く愛されてきたのであった。

第9章の「八幡浜ちゃんぽん／まちおこしの起爆剤に」は、四国の愛媛県八幡浜で取り組まれている、「ちゃんぽん」によるまちおこしに注目する。八幡浜はかつては農林水産業、工業、商業がバランス良く発展するまちであったが、近年、急速な人口減少、高齢化に直面している。このような状況に対し、商工会議所青年部のメンバーが立ち上がり「ちゃんぽんによるまちおこし」に踏み出している。先進地を研究し、多方面にわたる展開に取り組んでいる。そして、当初の地元中心の動きから四国、全国へ向けて進み始めているのである。

第10章の「沖縄そば／新たなグルメ市場を目指して」は、そば粉を用いない「沖縄そば」に注目していく。中国から伝わり、宮廷料理とされていた「沖縄そば」は、戦後、沖縄の庶民料理として定着していった。沖縄観光は「海」を焦点とするものであり、それをさらに高めていくものとして「食」が課題とされている。その焦点として「沖縄そば」に期待される点は大きい。すでに「沖縄そば博」や「沖縄ソーキそば缶」などの取り組みも始まり、新たな地域ブランド化に向けての動きが開始されているのである。

以上のように、B級グルメの頂点というべき「ご当地ラーメン」は、実に幅が広く、奥行きの深い展開を重ねている。すでに全国ブランドを形成している「ご当地ラーメン」があれば、また、ここに来て完成度を高めながら、興味深い取り組みを進めているものもある。さらに、「ラーメンの範疇を超える」部分でも注目すべき動きを示しているものもある。このように、日本の各地域では、地域の人びとに大切にされてきた「食」が見直され、完成度を高め、そして、人びとの「思い」を結集させながら新たな「価値」を生み出しているのである。

（1）関満博・遠山浩編『「食」の地域ブランド戦略』新評論、二〇〇七年、関満博・古川一郎編『「B級グルメ」の地域ブランド戦略』新評論、二〇〇八年、関満博・古川一郎編『中小都市の「B級グルメ」戦略』新評論、二〇〇八年。

（2）なお、私たちは以下のように、すでにいくつかの「ご当地ラーメン」に関して報告を提出している。喜多方ラーメンを扱った鈴木眞人「ラーメンと蔵のまちの地域振興——福島県喜多方市」（関満博・横山照康編『地方小都市の産業振興戦略』新評論、二〇〇四年）、久留米ラーメンを扱った山藤竜太郎「福岡県久留米市／日本一の『焼き鳥』のまち」（関・古川編、前掲『「B級グルメ」の地域ブランド戦略』）、佐野ラーメンを扱った関満博「栃木県佐野市／『ラーメン』と『いもフライ』のまち」（前掲書）、須崎ラーメンを扱った長崎利幸「高知県須崎市／路地ウラから全国区を目指す」（前掲書）、米沢ラーメンを扱った古川一郎「米沢ラーメン／『食』から地域経営を考える」（関・古川編、前掲『中小都市の「B級グルメ」戦略』）。

第Ⅰ部　「ご当地ラーメン」の老舗

第1章　旭川ラーメン
／地域性と市民の想いが詰まった一杯

酒本　宏

北海道を代表する食べ物といえば、ラーメンがあげられる。第一に浮かぶのは、味噌味でお馴染みの札幌ラーメンであるが、近年はご当地ラーメンとして醤油味の旭川ラーメンや塩味の函館ラーメンも注目されている。その他、細縮れ麺のあっさり味をキャッチフレーズにした釧路ラーメンや室蘭のカレーラーメンなども登場し、北海道のラーメンは賑わいを見せている。このように、それぞれの地に根づいて独自の食文化を生み出しているラーメンは、次世代に引き継いでいきたい北海道の宝物として、北海道遺産に選定されている。

ここでは、一人当たりのラーメン専門店の数が、北海道一といわれるラーメン王国・旭川に着目し、ブランド化された背景について考えてみたい。

一　地域性から生まれた独自の味

北海道の中央北部にある旭川市は雄大な大雪山連峰に抱かれ、石狩川をはじめとする多くの河川が流れる豊かな自然に恵まれた地である。人口は三五万六三一九人（二〇〇八年四月、旭川市住民基本台帳）の北海道第二の都市である。内陸特有の気候で年間の気温差が大きく、夏は暑く冬の寒さが厳しい。北海道の中でも屈指の寒冷地として知られ、一九〇二（明治三五）年には、日本の気象官署での観測史上最低となるマイナス四一度を記録している。

図1—1　旭川市の位置図

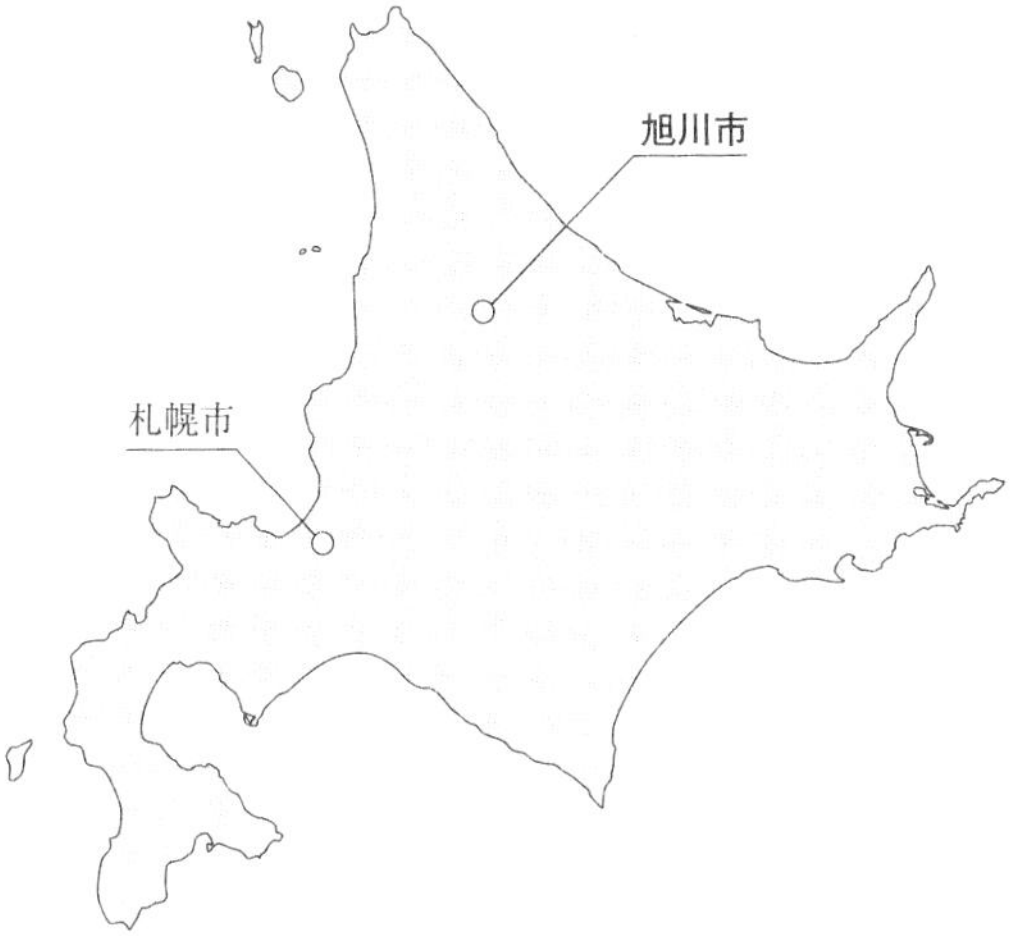

旭川市は、明治期にここを中心とした交通網が整備されたこともあり、農水産物の集散地、物流の拠点として発達してきた。農業も盛んで、北海道における良質米の生産地としても知られるほか、ソバの生産量では国内第三位である。地場産業としては酒造業や家具製造業が盛んであり、大雪山の伏流水や冷涼な気候を活かした個性あふれる酒蔵が集まることから「北の灘」ともいわれてきた。家具は日本の五大家具産地の一つとなっている。

だが、近年、旭川市で最も注目されているの

図1—2　旭川市の観光入込数

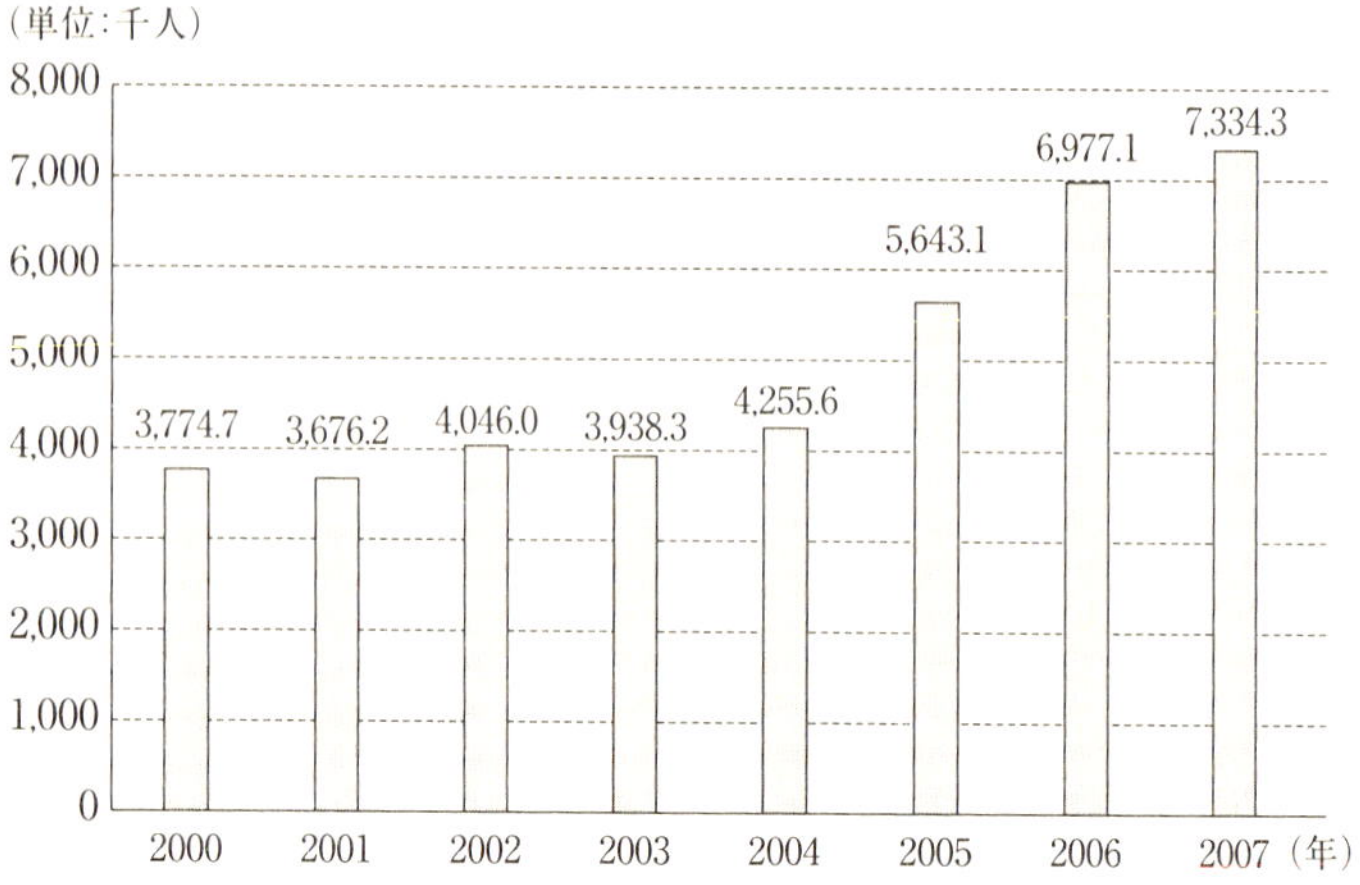

資料：北海道

は、旭山動物園であろう。円柱水槽を愛嬌たっぷりに泳ぐアザラシや空中散歩をするオランウータン、ダイナミックな飛び込みを見せる北極グマなど、個々の動物の行動や生活を見学できる行動展示が日本中から注目されている。赤字だった動物園は、二〇〇六年度には、年間入場者数が三〇〇万人を突破し、日本一の上野動物園を抜きそうな勢いである。旭山動物園の効果により、観光入込客数も大幅に増加しており、二〇〇七年度は、七三三万四〇〇〇人となっており、札幌市と小樽市に次いで北海道で第三位となった。そして、今や、旭山動物園の帰りに、旭川ラーメンを食べるのが人気の観光コースにもなっている。

旭川ラーメンの歴史

JR旭川駅を降りると、正面には日本で最初に設けられた歩行者天国として有名な買い物公園がある。旭川の中心街である買い物公園周辺には、全国区となった旭川ラーメンの本店が軒を連ねている。旭川市内には二〇〇軒とも三〇〇軒ともいわれるラーメン店があり、郊外の幹線道路を走っていてもほぼ必ずラーメン店の暖簾を目にする。ここは、まさしくラーメンの激戦区なのである。

旭川のラーメンの歴史を遡ると、一番古くは一九二七（昭和二）年に、「支那料理　広東軒」など数店で、中国の麺料理としてラーメンらしきものを出していたことが確認されている。一九三三（昭和八）年には、北海道ラーメンの原点「竹屋食堂」の支店として「芳蘭」が旭川に出店、麺文化が広がりをみせていく。一九三六（昭和一一）年になり、「八条はま長」にラーメンというメニューが登場、同じ頃、「やまふく」では中華そばをメニューに出していた。

だが、いわゆる旭川ラーメンの原型は、一九四七（昭和二二）年に誕生した「蜂屋」と「青葉」と言われており、共に二大老舗として現在も活躍している。

蜂屋は、そもそもはアイスクリーム屋で、やまふくの近くで、夏は蜂蜜を入れたアイスクリーム、冬はうどんを出していた。当時の主人の加藤枝直氏は、やまふくの中華そばに惚れ込み、修業をさせてもらっていた。一九四五年、先の八条はま長は閉店したが、終戦後に市民が食べ物に困っているのを見て、創業者の千葉力衛氏はもう一度美味しいラーメンを食べさせたいと、二年後に再起を決意。麺作りに打ち込み、その麺を十数店の食堂に卸すと同時に、ラーメンに関する知識も教えていった。その取引先の一つに蜂屋があった。

蜂屋の加藤枝直氏はやまふくでの修業と八条はま長の千葉氏の教えを下に、長男の熊彦氏と美味いラーメンを目指して研究を重ねていった。枝直氏は強火で豚骨を炊いて白濁させた濃厚なスープと、豚骨の臭みを消しながら旨味を増すアジ節のスープを合わせるダブルスープを考案、さらに、香ばしさを加え、保温性を高めるために焦がしラードでスープの表面を蓋った。熊彦氏はこのスープに合うように、加水を抑えた独自の縮れ麺を開発した。これが日本初の縮れ麺の誕生となった。この麺とスープが合わさり蜂屋のラーメンが完成、一九四七年、ラーメン専門店としての蜂屋が再出発した。同時に、熊彦氏は製麺工場「加藤ラーメン」を立ち上げた。

同年、もう一つの老舗青葉がオープンする。当初、メニューにラーメンはなかったが、先代の村山吉弥氏が二九年間中国に住んでいた経験を活かし、ジャージャー麺を参考に旭川に合う味を編み出した。スープは、豚骨と鶏がらを弱火で煮込んだものに魚介類を加えたあっさり味の出汁に、日本人が好む醤油を加えたものであった。麺は加藤ラーメンから分けてもらい、蜂屋と同様に保温性を高めるため、スープの表面には油の膜を張った。この二店で作られた味が、旭川ラーメンの原型になっている。

旭川ラーメンの原点は、地産地消

旭川ラーメンの特徴は、豚骨をベースに魚介物を加えた出汁と、加水率の低い縮れ麺、スープが冷めにくいように表面をラードで覆っていることである。基本は醤油味で、縮れた麺にスープがしっかりと絡み、麺とスープの一体感が味わえる。

写真1—1　旭川ラーメンの老舗「青葉」

豚骨と魚介類のダブルスープが生まれた背景には、旭川ならではの気候と地場産業との関わりが考えられる。いわゆる旭川ラーメンが誕生したのは、戦後間もない食糧が不足していた頃のこと。ラーメン専門店となる以前の蜂屋では、寒さしのぎに温かいスープで体の芯から温まってもらおうという想いから、屋台でスープを出していた。当然のごとく手に入る食材には限りがあり、当時の旭川は養豚業が盛んだったため、近隣の農家から廃棄していた豚骨を分けてもらい、出汁として活用した。今でこそ、豚骨はラーメンスープの定番になったが、捨てていた豚骨に目をつけたのは、終戦直後という時代背景と容易に入手できる環境にあったからかもしれない。

豚骨を煮汁が白く濁ってくるまで時間をかけて煮込んでいくのだが、豚骨だけのスープでは匂いが強すぎてお客さんには提供できない。そこでこの匂いを抑えつつ、さらに旨味を引き出すものはないかと考えて使われたのが魚介類であった。この発想が生まれたのは、旭川市が物流の拠点であったため、日本海やオホーツク海で採れた海産物が容易に手に入れることができたことが考えられる。旭川商人という言葉があるように、旭川は大正期に入ってから独自の商圏を形成していた。それまでは、小樽や函館というような生産物の移出地を中心に商業が栄えていたが、交通網の整備が進み、北見のハッカや帯広の豆といった地域による生産物の専門化も進んだことで、生産地に近い旭川に流通業者が急増していった。そのため、内陸地にも関わらず、様々な海産物も集散していたのであった。

醤油味が基本となったのは、周辺に北海道有数の醤油醸造メーカーがあったことが、要因として考えられる。日本醤油工業株式会社は、一九四四年に酒造業から醤油醸造へ転換した企業で、「キッコーニホン」という名で北海道では広く知られていた。地元にしっかりとした醤油醸造メーカーがあったからこそ、旭川ラーメンは必然的に醤油味になったものと考えられる。もちろん、現在も旭川市内のラーメン店では、キッコーニホンの醤油を使う店が数多くあるようだ。これらの点から、旭川ラーメンのスープは、地産地消の原点ともいえる味ということになる。

そして、このスープをいっそう美味しくしているのが、加水率の低い縮れ麺である。小麦粉を練る際に加える水の比率を抑えることでコシがあり、歯切れがよい麺に仕上がっている。水分が少ないため麺がスープを吸いやすく、麺とスープの一体感を味わうことができる。また、麺が縮れているため、麺を持ち上げた時にスープへの絡みが良い。この縮れ麺がスープの一体感を作りだすのに一役買っている。

旭川ラーメンは、厨房から運ばれてきたときには湯気がほとんど立たない。冷めているのではないかと疑ってしまうのだが、麺を持ち上げると湯気が立ってくる。その秘密が、スープの表面を覆っているラード（脂）の膜である。これは、冬になればマイナス二〇度くらいまで冷え込む旭川ならではの、スープが冷めないように熱を閉じ込めてしまうための工夫なのである。ラードが多いものを食すると体も冷えにくく、旭川という厳寒の地な

写真1―2　旭川ラーメンの原型「蜂屋」のラーメン

らではの知恵が生み出した独自の食文化ともいえる。

旭川に根づいたラーメン文化

蜂屋や青葉の開店に続いて、「特一番」や「五条軒」など、専門店とまではいかなくともラーメンを出す店が徐々に出始め、旭川でのラーメンの認知度は徐々に高まっていった。しかし、現在ほど気軽に食べられるものではなく、昭和三〇年代には、「日曜日に、映画を見てから蜂屋でラーメンを食べる」のを週末のちょっとした贅沢として楽しみにしていた人も多かった。

一九六五年、東京の高島屋で開催された「北海道の物産と観光展」の実演販売コーナーに札幌の味噌ラーメンが出展されたことで札幌ラーメンの名が全国に知られるようになり、一大ブームが起こった。当然のごとく醤油が主流だった旭川ラーメンにも影響を与え、味噌ラーメンに対するニーズが高まり、味噌ラーメンを看板にしたラーメン店が出始めた。その一つが旭川の味噌ラーメンの代表格である「よし乃」である。この頃から、ラーメン専門店の数が増え、誰でも気軽に食べられる庶民の食べ物として定着していった。

また、地元に複数の製麺業者があることも、旭川にラーメンが根づいた要因の一つであろう。周辺で小麦やソバが栽培されていたため、製麺業者はいくつかあったのだが、前述したように、旭川ラーメンの老舗蜂屋の創業者の息子がラーメンを専門にした製麺業を始めたことで、旭川ならではの独自の麺が確立されていった。この加藤ラーメンの麺は全国的にも評価が高く、東京や愛知方面にも出荷されている。料理番組でのラーメン対決の際には、こだわりの麺として双方が加藤ラーメンを採用したほどであった。うどんの乾麺からスタートしている「藤原製麺」もラーメンの製造に着手し、地元のスーパーや専門店ではお馴染みの麺になっている。このほか、「須藤製麺」「旭川製麺」など、地元の製麺業者が競争しあいながら、その一方で旭川ラーメンの普及に貢献してきた。こうした力が、旭川ラーメンのブランド化を足元でしっかりと支えているのである。

二　旭川ラーメンをこよなく愛し、それを支える市民の想い

旭川ラーメンが成長できたのは、何よりも市民が旭川ラーメンを愛しているからである。寒さゆえに温かいラーメンが好まれるということはあるが、旭川市民のラーメンへの想いは、それ以上である。「どこの味が好きか」と聞かれたら、それぞれが迷うことなく自分の意見を答えられるというのだから、それほどまでに日々の生活の中にラーメンが密着しているのだろう。

市民のラーメン応援組織「ラーメンバーズ」の設立と活動

一九八八年には、旭川市の青年会議所が独自にラーメンマップを作成し、また、旭川中央郵便局主催のプロジェクトチーム「レディースミーティング」の女性が、ラーメンマップを制作している。地元経済情報誌『北海道経済』では、紙面でラーメン大賞を企画するなど、旭川ではさまざまな形でラーメンが取り上げられている。

このような、市民のラーメンへの想いが、旭川ラーメンを支えている。中でも、市民による旭川ラーメンの応援団が組織され、具体的に活動を進めてきたことが、旭川ラーメンを全国区に押し上げた大きな要因と考えられる。「ラーメンバーズ」は、市民団体として一九九五年に発足し、積極的に活動を続けてきた。旭川ラーメンをこよなく愛する仲間が飲んでいる時に「ラーメンで旭川を元気に」と言いだしたのがきっかけで、「旭川ラーメンを愛し、見守り、より発展させよう」と集まったメンバーは、設立当初は一二〜三人であったが、現在は、学生や主婦、会社員なども参加し、二〇〇人程になっている。年齢や職業を超えたネットワークが広がり、新しい店のリサーチやメールによる旭川ラーメンの情報交換、ラーメンツアーの開催などを行っている。旭川ラーメンのさらなる発展を望み、メンバー以外への普及活動にも力を入れ、旭川市の夏まつりでは、ラーメンにちなんだクイズ大会「ラー1《ワン》グランプリ」を開催するなど、市民の力で旭川ラーメンを盛り上げているのである。

このほか、北海道内に広がりつつある函館や釧路など、各地のラーメン愛好家の集いに参加し、旭川ラーメンのPRや情報発信も行っている。

旭川ラーメンのシンボル「あさひかわラーメン村」の誕生

ラーメンバーズの最大の功績は、旭川のラーメン店がそろうフードテーマパーク「あさひかわラーメン村」を発案し、設立に貢献したことであろう。

発足当時はバブルがはじけたこともあり、多くのメディアで庶民の食べ物であるラーメンが全国的に取り上げられることが多かった。札幌や博多、喜多方は、日本三大ご当地ラーメンとして話題になっていたが、旭川ラーメンに目を向けられることはなかった。だが、メンバーには、旭川ラーメンは三大ご当地ラーメンに負けないくらい美味しいという自負があり、ラーメンが注目されているこの機会に旭川ラーメンをメジャーにしようという想いから検討を始めた。三大ご当地ラーメンと比較して、旭川に足りないものはないかと考えた時に気づいたのが、ラーメンを食べたいと思った観光客が目指せる場所がなかったことであった。有名店は数多くあるものの市内に点在しており、一度に多くの客に対応するのも難しい。食べて帰ったとしても、あまり印象として残らないのではないかと考え、思いついたのが、札幌のラーメン横丁や博多の屋台のようなシンボルとなる場所の存在であった。

そこで、ラーメンバーズのメンバーたちは、すでに人気を博していた新横浜ラーメン博物館やお台場のラーメン国技館に足を運び、設立や運営に関する調査を重ねた。そこから旭川のラーメン店を集めたあさひかわラーメン村という企画が生み出されることになる。「村」という一つの共同体にすることにより、店同士の競争意識が生まれる。店の個性も必要となるほか、味が落ちるとお客さんはすぐに他店に流れてしまうことから、切磋琢磨することで「村」も進化していくことも期待できる。旭川の人びとにとっても、いろいろな店が集まることで、気軽に食べ比べができるという楽しみが生まれる。

車でのアクセスを考慮し、ラーメンバーズの代表である伊藤友一氏らが、この企画を旭川市郊外の大型ショッピングセンターのオーナーに持ちかけた。メンバーの熱い想いが伝わり、地元の活性化に貢献できるならとオーナーの快諾のもと、一九九六年、旭川市郊外の永山にあるショッピングセンターの駐車場の一角に八店のラーメン店が揃うあさひかわラーメン村がオープンした。ラーメン人気が継続していた時期であったためその波にも乗り、連日のように多くのマスコミが駆けつけ、旭川ラーメンは一躍有名になった。

その後も、メンバーは、全国のフードテーマパークや人気スポットを訪ね、ラーメン村存続のための調査を続けた。その結果、フードテーマパークには「美味しい」はもちろんだが、「楽しい」という付加価値も必要だと痛感、ラーメン村の開村一〇年目に合わせ、縁結びの

「ラーメン神社」の設置など「楽しい」要素も加えた。

今や旭川ラーメンのシンボル的な場所となったあさひかわラーメン村は、オープンして一〇年以上経過しているが、その人気は衰えることなく、来場者は常に前年を超えている。近年は旭山動物園効果もあり、二〇〇七年の来場者数は約六五万人となった。概算ではあるが、来場者のうち観光客は三割程度、大半は地元客というのがラーメン村の特徴でもある。ショッピングエリアということもあり駐車場が完備され、買い物ついでに立ち寄れるという気軽さと、いろいろな店を選べる楽しさもあり、地元の人の利用が多い。

写真1—3　あさひかわラーメン村

これは、観光客には絶大な人気があるが、地元客が少ない札幌のラーメン横丁を反面教師に、地元に愛される施設にするための努力を続けてきた結果でもある。村議会といわれる店長会議を通じて、常に味やサービス、整理整頓の徹底を図っている。また、ラーメンはすし屋と同様にパフォーマンスが重要と考え、湯切りなど見事なまでの手際を見せるため、厨房は隠さずにカウンターを用意するといった工夫がされている。ラーメン村の運営は入居する各ラーメン店と三年契約を結んでおり、これまでのところ売上ランクの最下位からラーメン店が入れ替わっている。店舗ごとの売上が明確なため、それぞれの店舗は手を抜くことができない。また、入れ替えがあることで、リピーターにも喜んでもらえるという相乗効果がある。

三 ブランド化につながったPR活動と専門店による組織

旭川ラーメンが、話題になり始めたのは、一九八八年頃とされている。全国的には、豚骨ブームが一段落し、個性的なラーメン店が注目されるようになった頃である。

しかし、旭川ラーメンは、それ以前から地道なPR活動を進めてきた。その一つが、社団法人旭川物産協会による、全国各地で開催される物産展での実演販売である。旭川物産協会の記録には、昭和五〇年代から物産展での旭川ラーメンの歓迎ぶりが記されている。

実演販売には、材料の輸送に要する日数の問題、旭川との水の違いなど様々な課題があったが、各店で工夫をすることで乗り越えてきた。一九六九年創業の「梅光軒」は、豚骨と鶏ガラから取った出汁と、昆布や煮干しの出汁をブレンドした旭川ラーメン本流の店である。この店が首都圏で開催された北海道物産展に出店した際には、水や道具の違いを越えて旭川の味を再現するため、スープを冷凍して持ち込むなど手間をかけ、本物の味を提供した。こうしたこだわりにより、旭川ラーメン本来の美味しさを提供し、旭川ラーメンの名を広めると共に、「梅光軒」の名も知らしめている。

旭川ラーメンは、会場となる百貨店からの指名が多く、年々売り上げも伸ばしている。物産展での実演販売は、地道なPR活動であると同時に、地元以外の消費者の声を生で聞くことができ、百貨店のバイヤーとの情報交換の場としても有意義なものになっている。物産展をアンテナショップ感覚で使うことで、全国を舞台にしたチェーン展開のきっかけになっているのであろう。

行政による旭川ラーメンの支援

旭川ラーメンのブランド化に寄与したものとしては、行政によるサポートも忘れてはならない。旭川ラーメンの知名度が高まり始めた一九九二年から、旭川市は、社団法人旭川物産協会などと共に「旭川ラーメンナイターキャンペーン」を実施した。甲子園球場や横浜球場、ナゴヤドームでのプロ野球の試合に協賛し、来場者の先着三〇〇〇人にお土産として旭川ラーメンを配布。また、選手の練習中にオーロラビジョンで旭川の観光PRとともにラーメンを紹介し、ホームラン賞や勝利投手賞、勝利監督賞など各賞を設けて旭川ラーメンを贈呈するなど、趣向をこらした企画を実施してきた。

横浜でのナイターキャンペーンの前日には、横浜市内の街頭で観光キャンペーンと合わせて、旭川ラーメンを配布するなどのPR活動も行ってきた。旭川は、富良野や美瑛などの周辺の観光地への乗り継ぎ地としては利用されていたが、観光地としての魅力はさほど認められていなかった。そのため、旭川を知ってもらうためには何がポイントになるかということでラーメンに目が向けられ、このようなキャンペーンに着手したのであった。

他方で、旭川市内にある他の食品業界から、なぜラーメンだけなのかという苦情も寄せられた。しかし、横並びのPRでは話題性に欠けるだけでなく、それぞれの産品が共倒れになってしまう。まずはラーメンに特化し、そこから他の産品に広げていくという、行政支援としてはリスクの大きい一点突破全面展開的な考えで、あくまでもラーメンに専念したことにより、旭川ラーメンの名が全国に知られるようになっていった。このキャンペーンは二〇〇二年まで続けられた。

全国でも類を見ないラーメン専門店のネットワーク組織

旭川ラーメンのブランド化には、ラーメン専門店による同業者組織「ラーメンの会旭川」の存在も大きい。あさひかわラーメン村ができ、市民や行政が旭川ラーメンを活気づけてくれているのだから、自分たちもライバル店として争うだけではなく手を組まなくてはならないと、一九九七年に味噌ラーメンの老舗である「よし乃」のオーナー浦野勉氏の呼びかけにより設立された。当初は、加盟しても売上にメリットがないからと脱会してしまう店もあった。だが、現在は同業者の仲間が集まり、共通の悩みを相談し、アイディアを交換し合える場の存在は、自分たちにとっても大きなメリットになると感じた店が集まり、組織化されている。

「ラーメンの会旭川」は、旭川市の夏まつりや冬まつりに訪れる観光客等に本当に美味しいラーメンを食べてもらうため、冬まつりの会場内に設置しているラーメンコーナーのリニューアルから着手した。それまでは、蒸し麺にスープをかけて出すようなイベントラーメンだったが、生麺から茹でて、職人自らが目の前で作る本物の味を提供した。その際には、個々の店の味ではなく、自分たちで開発した旭川ラーメンというスープを作り出し、麺は年替わりで地元の製麺会社によるものを使用することにした。

また、旭川市の繁華街、通称「さんろく街」を会場にした夏まつりでは、旭川ラーメンフェスティバルを企画。会場内に地元のラーメン屋が一四～五店軒を並べ、ハーフラーメンを提供した。ラーメンを目指す人が押し寄せる会場は、ラッシュ時のホームさながらの賑わいを見せていた。近年は地産地消にこだわり、夏まつりの会場では地元の小麦を使った麺の使用を積極的に進めている。

独立独歩で歩む個人経営者の多いラーメン専門店が、このようにまちづくりの一環としてラーメン作りで協力するというのは、全国でもあまり類を見ない例ではないだろうか。これも、ラーメンが旭川市民の食文化として深く根づいているからであり、ラーメンを愛する市民の力の後押しにより実現できたことだといえよう。

四　旭川ラーメンにみる地域ブランドのヒント

旭川ラーメンには、老舗の蜂屋や青葉の流れをくんだ伝統的な旭川ラーメンのスタイルを守り続けている店に加え、さまざまな新興勢力が登場している。新興勢力の代表格は「山頭火」であろう。このような幅の広い取り組みが、旭川ラーメンの地域ブランド化にも大きく貢献している。

旭川ラーメンの奥深さをアピールする新興勢力

一九八八年にわずか九席の店からスタートした「山頭火」の特徴は、白湯スープにある。この優しい味わいのスープは、豚骨（玉骨）・野菜・干魚をそれぞれに合った温度で煮出した後に混ぜ合わせて作っている。「最後の一滴まで飲める」ことを意識したというスープは、必要以上に塩分を加えていないというのが、同店のこだわりでもある。

　山頭火はオーソドックスな旭川ラーメンのスタイルではないものの、旭川にこんなラーメンもあるということでマスコミに取り上げられるようになり、旭川の知名度を上げた。さらには、カップ麺として全国販売され、また、フランチャイズ化に成功し世界進出も果たしている。今や山頭火は、北海道内に一二店、道外に三二店、そしてアメリカやシンガポール、香港に合わせて八店を持つ一大ラーメンチェーンとなっている。旭川ラーメンのブランド化ということから考えると、この店の存在は非常に大きな力を発揮している。

　山頭火など新興勢力といわれる店も、ほとんどが地元の製麺会社の麺を使っており、豚骨と魚介類がベースになっている点からは、旭川ならではのスタイルを大切にしていることがうかがえる。旭川市民が昔ならではのスタイルに固執せず、新しい味を積極的に受け入れているという点も興味深い。これは、本気でラーメン作りに気持ちを注いでいる店の姿勢をきちんと認め、それを取り

写真1—4　新興勢力の代表である「山頭火」の本店

込んでいくことで、旭川ラーメンの力が底上げされることを理解しているからなのであろう。その根底には、旭川ラーメンへの深い愛情と愛着が感じられる。

地域ブランド戦略の要素が詰まった一杯

蜂屋と青葉がラーメンを作り出し、旭川ラーメンが広く知られるまでに、半世紀近く経っている。ご当地ラーメンとしては、かなりの老舗であろう。それゆえに、奥深いものがある。ラーメンの味を決めるスープは、周辺の産業や物流拠点の地の利を活かして、豚骨と魚介類が使われるようなった。その味を引き出すため、地元の製麺業が独自の麺を作りだし、冷涼な気候がラーメンの表面にラードを使用する工夫につながっている。この点から、旭川ラーメンは、市民による市民のための食べ物であり、必然性があって生まれた味だとも言える。

誰もが一家言を持っているといわれるほどラーメン好きが多い旭川では、どのラーメン店も観光客向けではなく、あくまでも地元の人に向けて作っている。旭川ラーメンは、ある意味で懐かしさを感じさせる故郷の味として市民の中に定着しているからこそ、ラーメンを提供する専門店、それを食する市民、行政と、立場は違うもの、ある種の共感を持って、ラーメンによるまちづくりに一丸となって取り組むことができたのだろう。

そして、奇をてらうことなく昔からの味を守り続ける老舗と、新しい味とともに旭川ラーメンを発信する新興勢力が共存しながら、互いにしのぎを削ることで高いレベルを保ち、深みと広がりを持ちながら知名度を高めてきた。

たった一杯のラーメンかもしれないが、そこには、旭川ならではの気候風土や歴史、地場産業とのつながりや、その味をこよなく愛する市民の熱い想いが込められている。これこそが地域ブランド戦略に必要な要素が詰まった一杯なのである。今後も、ラーメンで自分たちが住むまちを元気にしたいという市民の想いにより、旭川ラーメンの人気は衰えることなく、札幌、博多、喜多方の三大ご当地ラーメンに匹敵する存在になっていくのではないだろうか。

【参考資料】

- 旭川市ホームページ（http://www.city.asahikawa.hokkaido.jp）
- 北海道ホームページ（http://www.pref.hokkaido.lg.jp）
- 新横浜ラーメン博物館ホームページ（http://www.raumen.co.jp/home）
- 北海道人ホームページ（http://www.hokkaido-jin.jp/issue/sp/200505/sp_14.html）
- 旭川叢書第八巻『ふるさと旭川』旭川市、一九七四年
- 奥山忠政『ラーメンの文化経済学』芙蓉書房出版、二〇〇〇年

- 旭川ラーメンのＰＲ活動については、旭川市経済観光部ものづくり推進室産業振興課での取材および資料に基づいている。
- 「旭川ラーメンバーズ」や旭川市民のラーメンへの想いについては、ラーメンバーズの代表である伊藤友一氏に教示頂いた。この場を借りて深謝したい。

第2章　和歌山ラーメン／ご当地グルメの先駆者のいま

尾野寛明

一九九〇年代後半、全国でラーメンブームが巻き起こり、ご当地ラーメンの先駆者的存在として「和歌山ラーメン」が注目された。ラーメンブームは落ち着きを見せたが、ブームから現在まで、その周辺で起きたことを追跡していくと、ラーメンが媒介役になり、様々な新しい風が吹いていることが分かる。例えば、地元製麺組合が一念発起して地域団体商標を取得、お持ち帰りグルメとしての和歌山ラーメンの地位を築き上げた。県外訪問者向け観光案内のスタイルにも変化が生じていったのであった。

一　ご当地ラーメンブームの火付け役となった和歌山ラーメン

和歌山ラーメンとは何か

和歌山ラーメンは、主に和歌山県北部で、専門店や大衆食堂で出されるご当地ラーメンである。地元では「中華そば」と呼ぶのが一般的である。味は一般に豚骨醬油味と呼ばれるが、スープの特徴から三パターンに分類することができる[1]。

一つは、醬油系。和歌山市内の中心部を走っていた路面電車の停車場に軒を並べていた屋台を発祥とする味である。豚骨をベースにするものの、若干醬油が立っている。見た目は濃い茶色だが、食べるとあっさりしているのが特徴。現在の和歌山ラーメンの主流であるといえる。

もう一つが、豚骨醬油系である。豚骨をゼラチン質が溶け込むぐらいまで煮込み、ドロドロに乳化したスープに醬油を合わせて味を調節していくというもの。和歌山ラーメンの名を知らしめた「井出商店」(後述)がこのスタイルであるため、全国ではこのスタイルが有名であるが、地元の認識とは若干のズレがある。かつては前者を「車庫前系」、後者を「井出系」と分類する動きがあったが、今日は使われない傾向にある。

どちらの系統も、麺はストレートのやや細麺で、具は「チャーシュー、メンマ、ねぎ」と至ってシンプル。ナルトの代わりに地元特産の蒲鉾が使用される。

また、上記の二種類の範疇には入らない、新興勢力のラーメン店も和歌山には増えてきた。他県のご当地ラーメン専門店や、チェーン店の進出も見られる。

早寿司、ゆで卵、自己申告——独特の風習

和歌山の中華そば文化は非常に独特なものである。まず、テーブルに積まれている早寿司や

ゆで卵は好きに食べてよい。早寿司とは鯖の押し寿司のことで、和歌山の特産品である。ラーメンと一緒に寿司を食べる地域は、全国的にも類を見ない。注文してからラーメンが出てくるまでの待ち時間に食べる人もいれば、食後のスープと合わせて食べる人もいる。

また、ほとんど伝票のようなものが存在せず、全国でも珍しい「自己申告」が一般化している。帰りの際、自分が食べたものを、例えば「大盛り中華そば、早寿司二つ、卵一つ」などと自己申告して勘定をとってもらうのである。

ご当地ラーメンブームの火付け役に

和歌山市でラーメンが食されていたのは戦前からだと言われており、古くから屋台のラーメン屋が多数軒を連ねていた。しかし、以前は先に見た「中華そば文化」が和歌山独特のものだとも認識されることもなく、和歌山ラーメンという呼び名も用いられなかった。

この和歌山ラーメンという呼び方が使われるようになったのは一九九〇年代後半からのこと。一九九五年九月、東京都世田谷区に「紀州和歌山の味」を看板に掲げたラーメン屋「まっち棒」がオープン。和歌山市出身者が東京のラーメンブームの動きを察知し、「東京で和歌山中華そばの味を伝えたい」と思ったのが始まりであった。初めて和歌山ラーメンという名称を用いたのも同店であり、現在三店舗を展開している。

そして一九九八年の元日に放映された、テレビ東京系「TVチャンピオン・日本一うまいラーメン決定戦」において、和歌山市の井出商店が優勝する。同年一〇月には新横浜ラーメン博物館が苦心の末同店を誘致し、半年間の期間限定店をオープンした。結果、一日平均八九三杯を売り上げて大成功を収め、首都圏を中心にして人気に火が点いた。それにより、テレビや

写真2―1　まっち棒（渋谷店）のラーメン

写真2―2　井出商店のラーメン

新横浜ラーメン博物館ブースにて（2003年3月より再出店）。右が和歌山ラーメンに欠かせない早寿司。

雑誌で和歌山の中華そば屋が盛んに取材されるようになる[2]。

二〇〇〇年を過ぎたあたりからブームは収まりを見せたが、県外から和歌山ラーメンを求めてやってくる人は多い。またビジネスで和歌山を訪れた人が、和歌山ラーメンを食べて帰る場合も少なくない。二〇〇六年一一月には地域団体商標制度を利用して地域ブランドを取得、ブランドを確固たるものとした（後述）。

二 「和歌山の食」発信のいまと、和歌山ラーメンのいま

地元タウン誌も、和歌山ラーメンが脚光を浴びるのにあわせ、さまざまな特集を組んできた。だが、近年は食の多様化が進み、各地の名産も懸命にＰＲされるようになった。ラーメンだけが特別扱いではなくなっている。

ラーメン一辺倒ではない

『アガサス（agasus）』は、和歌山をメインとしたタウン情報誌。毎月二五日に発刊される月刊誌であり、三万部弱の発行部数を誇る。その他不定期で「グルメ」や「癒し」などをテーマに特集を組み『別冊アガサス』として発行している。

一九九八年頃から、ごく当たり前のものに思っていた和歌山ラーメンが急に注目されるようになり、全国のマスコミから問い合わせが入るようになった。「何で早寿司を食べるのか？」「何でナルトではなく蒲鉾が入っているのか？」など、カスタマーセンターかと思うほど毎日のように問い合わせが来たという。その中で、逆に自分たちも「異彩を放つ和歌山ラーメン」の姿に着目するようになっていった。「ラーメン特集」や、ラーメンのみを扱った『別冊』の発刊も増えていった(3)。

写真2―3　アガサス出版企画部長・松本雅樹氏（右）と、和歌山市観光課・兒嶋晃義班長

だが、近年はラーメン一辺倒ではなくなってきている。新しい取り組みとしては、備長炭を練りこんだ麺などを取り扱ったが、最近はラーメンを特別扱いで取り上げることも減っている。

食も多様化し、ここ数年はおしゃれなレストランやカフェも増えてきている。お持ち帰りグルメにしても、近年は海の幸・山の幸、知られていなかった良いモノが続々と発信されている。町ごとに名産は多いが、アクセスの悪さから中央へ伝わっていなかったものも少なくない。これらをいかに県外に伝え、人を呼び込む仕組みを

作れるかが『アガサス』の今後の課題という。

発展形という考え方より、「変わらないもの」

よく、和歌山ラーメンの「最近の動向や新しい発展形はないのか」と聞かれるが、正直「ない！」という。店主に話を聞いても、地元を大事にしていきたいという姿勢は常に変わらないし、逆に昔ながらのものを大事にしている店はどんな時でも繁盛している。和歌山ラーメンの顔とも言える井出商店であっても、「行列が絶えず嬉しいが、やはり地元を大事にしたい」と常に言ってくれている。

あえて近年の変化をあげるならば、家族向けのセットメニューを取り扱うところが現れだしたこと。小さい子が早寿司を食べられなかったりするので、地元の「しらす飯」をつけたりするケースも見られる。和歌山ラーメンに何かの発展形があるということではなく、そもそも戦前から地元に愛され、これからも変わらず愛され続けていくのが和歌山ラーメンなのであろう。

三　「お持ち帰りご当地グルメ」として確固たる地位

最近の和歌山ラーメン周辺で起きた動きとしては、和歌山県製麺協同組合の取り組みが興味深い。当初業務用のうどん加工が中心だった製麺組合が、一九九九年の和歌山ラーメンブームをきっかけに、本格的に「自分たちのラーメンを世に出したい」と立ち上がった。家庭でも気軽に味わえるようスープ付き中華麺を共同で製品化。地域団体商標取得にも成功し、近年は高速道路のサービスエリアを中心に、各地のスーパーなどで売り出している。

すべての歯車がかみ合い、ヒット作が誕生

製麺組合の中でとりわけ活発に動き回るのが、柏木製麺所の柏木隆夫氏（一九五〇年生まれ）。創業一八八七（明治二〇）年、氏で五代目になる。和歌山で夜間の大学に通った後、家業に入ったが、ぜんそく気味で仕事に集中できるような状況ではなかったという。

体質が好転したのが四〇歳の時。組合青年部の部長も務め、仕事に没頭するようになっていった。ちょうどそのときに訪れたのが、一九九九年の和歌山ラーメンブームであった。自分の責任で色々なことに取り組めるし、遠慮せずに、組合あげて、やれることをやってしまおうと思った。

構想は既にあった。ブーム前夜の一九九八年、自社で何か土産物を開発したいと思っていたところに、日清食品から「行列のできる店のラーメン」シリーズ第一弾、横浜味が発売された。取り寄せてみたところ非常においしく、これしかないと思い立つ。早速組合に「和歌山の土産

物ラーメンを作ってみないか」と打診し、快諾を得る。家庭でも気軽に味わえるようスープ付き中華麺を共同で製品化した。スープは日清食品との共同開発となった。採算ラインに乗せるためには一ロット百万食の生産が必要だったが、万が一の場合には自腹を切る覚悟で臨んだ。

開発はトントン拍子で進み、一九九九年一二月、「地元の麺屋が作った　本場・和歌山ラーメン　豚骨×鶏ガラ合わせだし」と銘打って発売を開始した。最初の一カ月で二万食を販売するヒット作となり、翌月には早速追加注文が入るような状況であった。ラーメンブームにうまく乗った形となり、消費者の関心を掴み、何のトラブルもない最高の船出となった。

写真2―4　柏木製麺所／直売所も併設（右奥は今日の出荷分）

今では「豚骨×鶏ガラ」に加えて「湯浅醤油入り・車庫前系醤油味」「濃厚・こってり醤油味」の三種類を売り出している。現在の生産量は、年間約一一〇万食。うち半分が高速道路サービスエリアでの販売であり、「お持ち帰りご当地グルメ」としての確固たる地位を築いた。さらにイベントやふるさと小包などの企画モノがある時期には増産となっている。

全国での販売促進活動が功を奏し、地域団体商標へ

ただ、メディアの注目が収まるにつれ、「四〜五年で潰れやしないか」という不安感もあった。大手コンビニチェーンが井出商店とタイアップした商品も登場し、「お持ち帰り・和歌山ご当地ラーメン」の分野でも一人勝ちではなくなった。四国・九州など人件費の安いところで生産し「和歌山風ラーメン」と銘打った商品も見受けられるようになった。

そんな不安を打開すべく、二〇〇一年頃からは、全国を販売促進のために回る日々が続いた。和歌山県庁の協力もあり、大手小売業・イトーヨーカドーの店舗を中心に二〜三年ほど、断続的に駆け巡った。時には人件費で足が出ることもあったが、宣伝費と割り切り、続けていった。二カ月に一回は必ず外へ出るようにし、柏木氏自身が行けないときには奥さんや娘さんに行ってもらった。

一連の販売促進は、意外な形で実を結ぶことになる。二〇〇六年一一月には、和歌山県製麺協同組合が出願者となり、「和歌山ラーメン」が地域団体商標として登録されることになった。全国を販売促進で回った記録を添付することで、強力に役に立ったと振り返っている。これにより他地域の事業者が堂々と類似商品を作ることが難しくなり、安定飛行に向けた体制が整うことになる。商標登録をしても即効性は特に感じられなかったというが、今思えば漢方薬のようにじわじわ効いているという。現在の出荷量はラーメンブーム直後の五割くらいのところで

写真2―5　2004年完成の新工場と、柏木隆夫氏

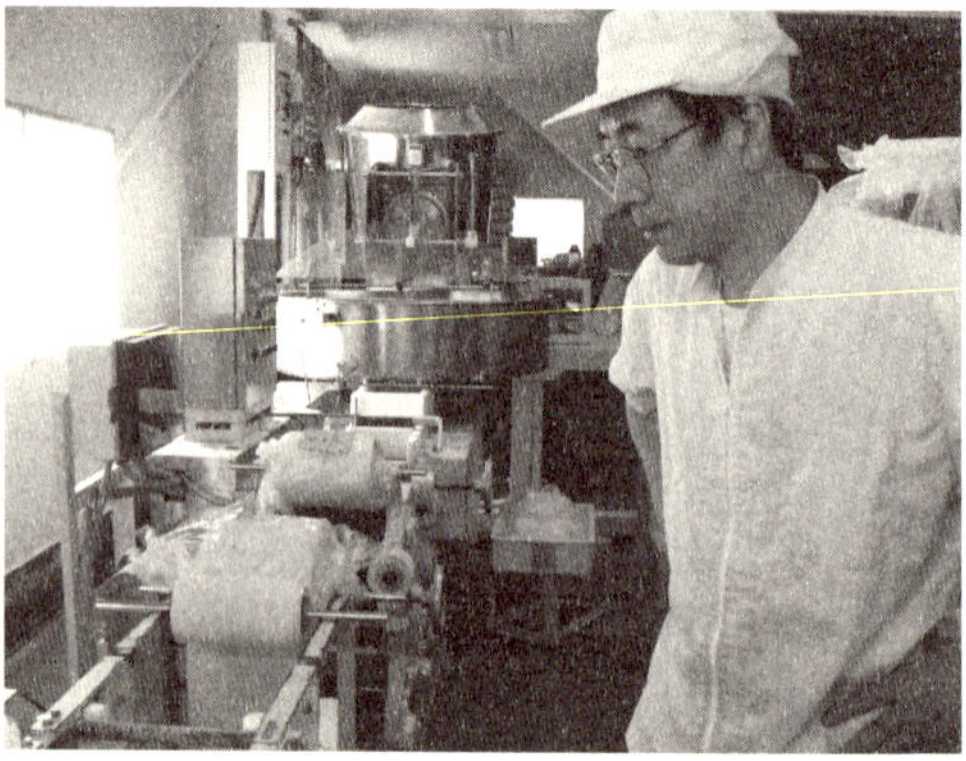

推移している。

家族経営で、毎日、騒がしく

現在、柏木製麺所の従業員は一二人。奥さんと長女、そして三番目の息子が一緒に働いており、有望な跡継ぎが揃っている。品質を追いかけると設備も良いものを整えていかなければならずたいへんではあるが、「家族経営で毎日、騒がしくやっています」と語る。

現在製麺組合には二〇社が加盟しているが、高齢化が進んでいる。有望な若い跡継ぎがいるのも数社しかいない。だが和歌山ラーメンブームの波にうまく乗り、組合に新たな風を呼び込んだ姿がそこにあった。

四　もはや和歌山の「郷土料理」、次の可能性は

観光ガイドや、観光客誘致イベントを見渡してみると、また一つ興味深い流れが見えてくる。

和歌山ラーメンブームは落ち着きを見せたが、強力な観光資源として未だ健在。和歌山に数ある「食の地域資源」の中で、和歌山ラーメンは一つの伝統ある郷土料理としてみなされるようになっていった。

縮小版市内地図としての「ラーメン食べ歩きマップ」

和歌山市周辺の観光地は主に三拠点ある。一つ目が和歌山城をはじめとした和歌山市の中心市街地。おおよそ、南海本線・和歌山市駅とJR和歌山駅、和歌山城に囲まれた地域となる。二つ目が和歌山市西北部に位置する加太《かだ》、友ヶ島周辺地域であり、マリンレジャーやキャンプが楽しめる。そして三つ目が和歌山市南部の和歌浦・マリーナシティ周辺地域。マリーナシティは一九九四年に開発された人工島で、テーマパークや温泉、マグロの解体ショーを行う市場などがある。

地元の人びとに古くから愛されていた和歌山ラーメンは、地元に当たり前のように存在するものであった。そのため県外からの訪問者向けに観光案内としてラーメンを紹介するようなことはほとんどなかった。しかし、井出商店が全国的な脚光を浴びた頃から、和歌山市でもそれに呼応する動きが見られるようになった。前述のタウン情報誌『アガサス』と協力する形で、和歌山市内とその周辺四五店舗を掲載したラーメンマップを製作している。

写真2―6　和歌山市観光案内マップと、和歌山ラーメン食べ歩きマップ（手前）

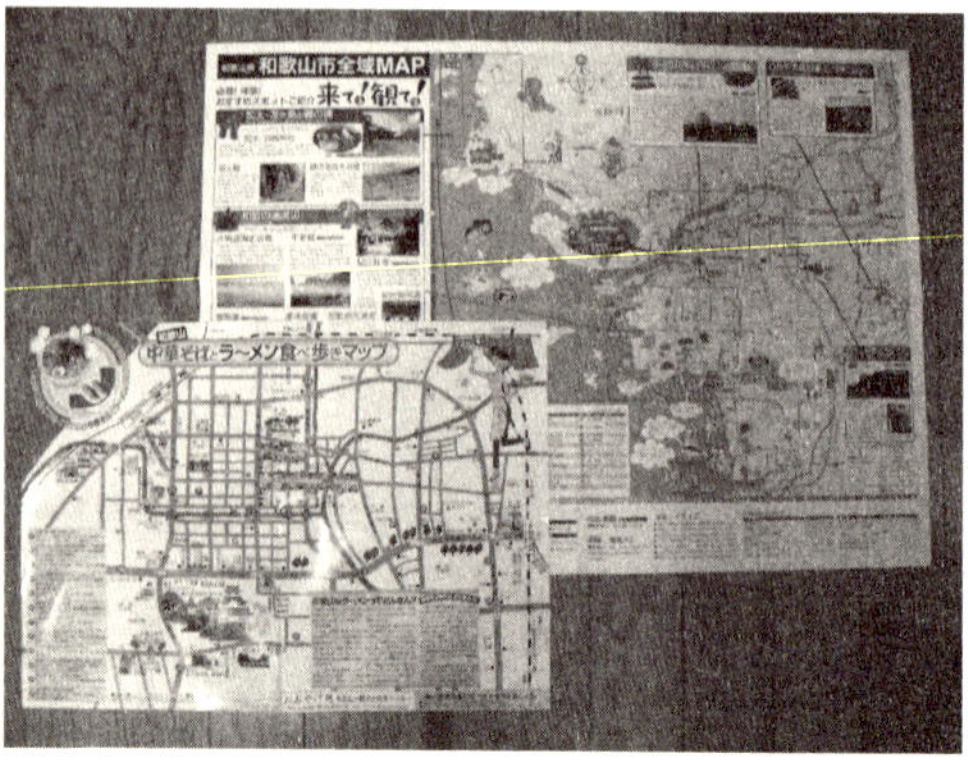

和歌山市周辺の三拠点を紹介するマップとしては、『和歌山市観光案内マップ』（和歌山市観光協会）、『わかやまし観光ガイド』（同）、『和歌山市観光便利帳』（WAKAYAMA　城・まち観光プロジェクト）などがある。だが、和歌山市全体をカバーしようとすると、テーブル大の大きな「地図」になってしまうか、何十ページもの分厚い冊子となってしまう。先にあげた三つもそうだ。

その点、和歌山ラーメン食べ歩きマップは、主に和歌山市中心部を取り扱うため、コンパクトで便利である。二〇〇七年の発行部数は八万部を数え、交通機関、観光案内所などに配置されている。配布しやすいサイズであることから、宿泊施設からのニーズも高い。市内のビジネスホテルや官公庁、主要観光施設が掲載され、右記三マップの「縮小版」としての役割も果たしているといえるだろう。

観光客以外に、和歌山市を訪れたビジネスマンにも重宝される存在となっている。昼食に、夕食に、または一杯やった後の仕上げに、一枚持っておくと非常に便利である。筆者も市内ホテル到着時に同マップを渡され、昼も夜も役に立った。

スタンプラリーを廃止、立派な郷土料理の一部へ

二〇〇四年一二月からは、和歌山市観光協会と南海鉄道の企画で、「和歌山ラーメンスタンプラリー」が開催されている。毎年一〇月から一月の約三カ月間、約二〇の参加店をめぐり、所定の店舗数のスタンプを制覇するというもの。抽選で旅行券や温泉入浴券などの商品がプレゼントされ、その他に全店舗制覇するとオリジナルTシャツや携帯ストラップがもれなく当たる。これにあわせ大阪方面から南海電車の往復割引券と、和歌山市内のバス一日乗車券、市内観光施設の割引特典がセットになった商品が販売されている。ラーメン店でも特典が得られる。二〇〇七年で三三五通の応募があり、半分が県外からであったことから、県外客の誘致につながった。一定の定着が見られたことから、二〇〇八年でこの企画は終了となる。

今後は、和歌山城天守閣再建五〇周年記念事業として二〇〇四年から行われている「城フェスタ」に引き継がれていくようである。同フェスタ最終日に行われる「食祭《しょくさい》WAKAYAMA」には、「和歌山うまいもん市」として、和歌山各地の郷土料理がブース出店される。その中でも和歌山ラーメンは「郷土のうまいもん」として、ほぼトップで扱われている。

これまで和歌山ラーメンは、和歌山の郷土料理として扱われることは少なかったように思われる。もちろん、庶民から愛されているものには違いないが、それ以上のものではなかった。ところが一連のブームを通じて「食の観光資源」として見直され、「ラーメンも立派な郷土料理である」と認識されていったのだろう。

次はどのような「媒介役」となるのか

全国ご当地ラーメンブーム、火付け役となった和歌山ラーメン。見た目にはブームが沈静化している感もあるが、周辺ではラーメンを媒介役に様々なことが起きていることが分かる。製麺組合の努力により地域団体商標が取得され、「お持ち帰りご当地グルメ」としての地位も築かれた。

一連のラーメンブームは、「城見物」「庭園見物」がメインだった和歌山市中心部の観光に、「食べ歩き」という新たなスタイルを定着させるに至った。また、ラーメンに続けといわんばかりに、様々な「和歌山の食」が発信されるようになった。「食とまちおこし」という観点からは、参考になる事例が豊富に含まれている。

ただし、市中心部にはモータリゼーションの進展でシャッター街化が進む商店街も存在する。和歌山市観光課でも「かつての勢いを取り戻したい。単発のイベントは打っているが、決定打は見えない」という状況である。実際歩いてみたが、非常に立派な商店街であった。

ラーメン自体は変わらないが、和歌山ラーメンを媒介に、「食の発信や観光スタイルに新しい風が吹いた」と考えれば、商店街活性に新しい風を吹かせることも可能なのではないか。和歌山ラーメン、次はどのような新風を吹かせてくれるのだろうか。

(1) 和歌山ラーメンに関する基本情報を掲載した書籍は多数ある。本章では『別冊アガサス／和歌山の中華そばとラ~メン』一九九九年、『別冊アガサス／和歌山の中華そばとラーメン・全県版』二〇〇二年、『和歌山中華そばとラーメン食べ歩きマップ』和歌山市観光協会、『たべあるきナビ 関西激うまラーメン―渾身の四五〇杯』昭文社、二〇〇六年、などを参考にした。また、和歌山大学システム工学部デザイン情報学科・准教授床井浩平氏のホームページ (http://www.sys.wakayama-u.ac.jp/~tokoi/rahmen.html) やフリー百科事典ウィキペディア「和歌山ラーメン」の項目 (http://ja.wikipedia.org/wiki/和歌山ラーメン) も詳しい。

(2) 和歌山ラーメンの歴史を示す資料としては、『読売ウィークリー』二〇〇一年二月四日号の特集や、前掲の『別冊アガサス』一九九九年、が詳しい。また新横浜ラーメン博物館の展示資料も参考にさせていただいた。

(3) アガサスが和歌山ラーメンブーム勃興後に発刊した特集としては、前掲の『別冊アガサス』一九九九年、『別冊アガサス』二〇〇二年、などがある。特に前者は和歌山ラーメンの歴史を知る貴重な資料であろう。

第3章　熊本ラーメン／味千ブランドの海外展開

古川一郎

中国の国威をかけた北京オリンピック、それに合わせて二〇〇八年にオープンしたばかりの北京首都国際空港の第三ターミナルビルは、現在世界一といわれるそのスケールの大きさと、出発ロビーの明るくて開放的な空間がとても印象的である。その中に、スターバックスなどに混じって真新しい立派な熊本ラーメン店があることをご存じの方はどのくらいいらっしゃるだろうか。今年創立四〇周年を迎えた熊本ラーメンの老舗「味千ラーメン」がそれである。

味千ラーメンは香港、上海、北京といった中国の消費の先進地域ではもちろん、意外なほど多くの都市でよく目にする。店舗数が多いことがその一因だが、ラーメンというカタカナをそのまま使い、店舗の大きな看板に赤い文字で目立つように味千ラーメンと書かれていることから、日本人にはすぐに目に飛び込んでくることも手伝っている。もちろん味は本場味千ラーメンである。

図3―1を見てもらえばわかるが、中国国内を中心に海外に多店舗展開している。特に近年の中国における店舗展開のスピードには目を見張るものがある。熊本以外の住民にはあまり知

られていない味千ラーメンであるが、二〇〇八年末までに中国国内だけで三〇〇店の出店を目指しているという。間違いなしに日本の「食」関連で、もっとも中国で成功しているブランドの一つであると思う。食は文化である。アメリカのファーストフード文化が私たちのライフスタイルに及ぼした影響の大きさを考えると、日本の庶民の食文化の海外移転には大きな意味が

写真3—1　味千ラーメン

写真提供：重光産業株式会社

写真3—2　上海の香港広場の店舗

写真提供：重光産業株式会社

図3—1　味千ラーメンの店舗展開

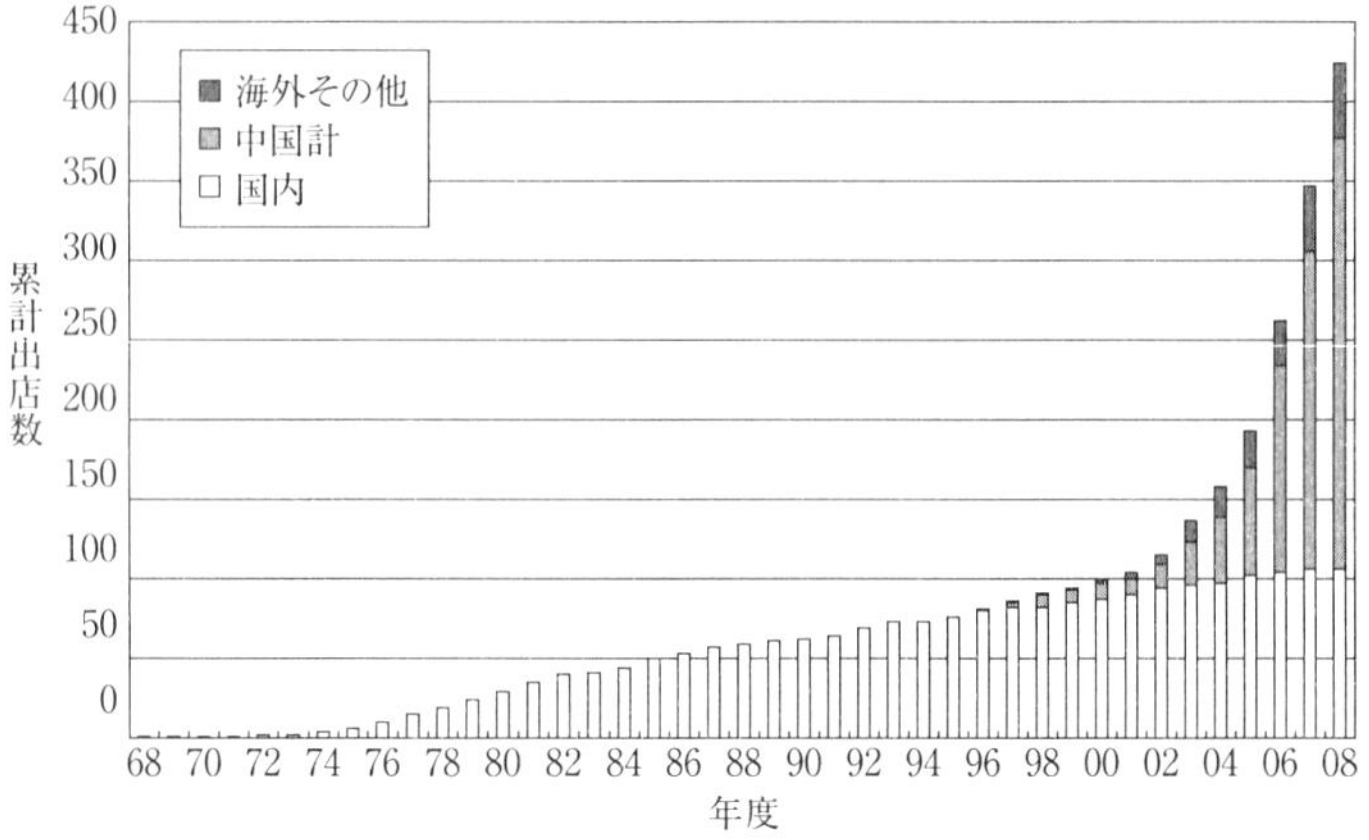

ある。

創立四〇周年ということだが、現在の状況を見てわかるように、海外展開を始めた一九九〇年代の後半から新たな創業期に入ったように見える。以下では、これまでの成長段階を第一期から第三期までに分けた上でその歴史について簡単にふれた後に、マーケティングの現地化と標準化という視点から、味千ラーメンの海外展開について考えてみたい。最後に、庶民の「食」と地域ブランドの海外展開がもたらしたものについて考えたい[1]。

一　熊本ラーメンと味千ラーメン

ラーメンは日本で独自に進化した

築城四〇〇年を迎えた熊本城は、日本を代表する名城として知られる。改修作業も一段落し、熊本城は多くの観光客を迎えているが、夏の夜空にライトアップされ白く輝く城郭のシルエットは大変ロマンチックである。遊歩道も完備されていて、朝の散歩を楽しんでいる人も多く見かける。九州の中核都市の一つである熊本市は、ここを中心に広がっている。市役所、ホテル、デパートなどの商業集積が周りを取り巻いており、当然あらゆる種類の飲食店も集まっている。

あらゆる種類のといったが、熊本の食といえば、馬刺し、からし蓮根、熊本ラーメンなどが良く知られている。しかし、なんといっても全国的に知名度が高いのは熊本ラーメンであろう。ラーメンを食べる人であれば、誰でも一度や二度は食べた経験をお持ちであろう。残念ながら私はいわゆるラーメン通ではないので、ラーメンについて薀蓄を語る立場にないが、素人目に見ても一番の大きな特徴はその白濁したスープである。豚骨ラーメンといえばこの白濁したスープがイメージされるが、ちょっと気になるのはその由来である。

関連して少し脇道にそれるが、日本の「ラーメン」の独自性についてまず考えてみたい。白濁したスープのユニークさが熊本ラーメンを特徴づけてはいるが、色や基本的な材料についてはは中華料理に白湯スープがあるから決して日本のオリジナルではない。麺も日本以上に素材も作り方や形状にも多様な麺が中国にはある。それでは、日本のラーメンの独自性はどこにあるのだろうか。

中華麺をスープに入れるのに独自性はないが、麺にスープを絡めて一緒にズルズル音を立てながら食べる食べ方が日本独自なのである。ズルズル音を立てて食べなければ、そばもラーメンもおいしくない。このズルズル・スタイルによって、スープも麺も中に入れる具材もそれに適した味に進化していったのである。中国人も西洋人も、ズルズル音を立てて食べることはマナー違反なのでしない。そばと同じようにズルズルと麺と一緒にスープを食べる「ズルズル・スタイル」が、日本のラーメンのオリジナリティを生んでいる。

海外展開を考える際に重要なのは、「ラーメン」は日本独自のものであり、日本以外にはないということである。この日本の常識・世界の非常識が生み出した独自の「ラーメン」は、四〇〇〇年の歴史を持つ中国にもない。味千ラーメンは、このような環境下で中国でブレークしているのである。

熊本ラーメンの誕生

話を元に戻そう。この白濁した豚骨スープは熊本ラーメンだけではない。博多ラーメンや久留米ラーメンと共通である。資料として残っているわけではないのではっきりとしたことは分からないが、歴史的には久留米ラーメンが源流で、玉名ラーメンを経由して博多や熊本に伝わったといわれている。熊本ラーメンは博多ラーメンと比べればやや太い麺、豚臭さを消すために紅生姜ではなくにんにくを使うというような特徴がある。もちろん店によっていろいろなバリエーションがあるようだが、熊本県人ならこんなイメージを共有しているそうである。このようなイメージを定着させる上で、重要な役割を果たした熊本ラーメンの代表選手として名高い「桂花」や「こむらさき」といった老舗は一九五〇年代に誕生した。

さて、本章の主役である味千ラーメンはそれから一〇年ほどたった一九六七年、熊本県庁横の七坪の店からスタートした。これが第一期の創業である。創業者の重光孝治氏は一九二四年に台湾で生まれ、日本で高校に通い、熊本大学工学部を卒業した。アイデアマン、エンジニアとして、卒業後はいくつかのビジネスを立ち上げた。その後、それまでにお世話になった多くの人びとに恩返しをしたいと考えて、味千ラーメン開業の地を熊本に決めたということである。

味千という名称には、一人でも多くの人においしいものを楽しく食べてほしいという気持ちが込められている。山海の幸をふんだんに取り入れた豊かな「味」、千店にまで広げていきたいという気持ちである。千は万に至らず、たゆまぬ努力を惜しまないという気持ちも込められている。これは、「感謝と奉仕」という味千ラーメンの企業理念にも表れている。ただ利益が上がればそれで良いという企業には第二、第三の創業はないが、なんのために会社経営を行うかという信念を持っている企業には第二、第三のチャンスを生かす可能性がある。

味千ラーメンの誕生

開店当初はたった八つのカウンター席、それもスープを作るスペースがなかったので、近くの自宅でスープを作って自転車で運ぶというようなこともしていたそうである。しかし、県庁横の味千ラーメンは大繁盛した。隣が県庁という立地に恵まれたこともあっただろうが、出前の電話が鳴りやまない、バイクで県庁玄関まで運び、そこに待機していた別スタッフが県庁内を走って運んだという逸話も語り継がれている。次第に土地を買い増し、現在の県庁横の本店になっている。

転機は五年後の一九七二年に訪れる。そのきっかけになったのは、一人のお客が味千ラーメンの味に惚れ込み、「私もラーメン店を開きたい」と申し出たときから始まる。その人はラーメンについては素人であったが、創業者の重光氏は懇切丁寧に調理法や材料などを教えた。そんな人たちが次々と出てきて、最初は手取り足取り教えていたが、これでは大変である。そんなときに「フランチャイズ」という考え方があることを知る。

一人でも多くの人においしいものを食べてもらいたいという創業時からの考え方も手伝って、一九七二年に重光産業株式会社を設立、本格的なフランチャイズ展開を始める。これが第二期の創業である。それを契機に、それまで各店で作っていたスープや味の決め手になる調味料「千味油」を工場で一括して生産し、各店に配送するというシステム、いわゆるセントラル・

キッチンシステムを構築することになる。ここでも創業者の研究熱心な技術者の能力が活かされた。

写真3―3　児童養護施設慈愛園子供ホームでの40回目の味千ラーメン出前隊

写真提供：重光産業株式会社

フランチャイズによる全国展開

作ったものを配送し、それぞれのお店で作るというと簡単そうに聞こえるが、配送した材料を使っても本店と同じ味が出るまでには多くの試行錯誤が必要であった。スープや調味料が満足な味になるまでに二年もの月日がかかったようである。これによって、各店ばらばらではなく、どの店でも同じ味のラーメンを提供することが可能になった。また、現在でもお店の前でお客様を迎えている「チーちゃん」といったキャラクター、ロゴや社章といったもののもこのときに整備された。チーちゃんの名前は、お客さんが「千」をイメージしてつけてくれたということである。

このように味千ラーメンの発展には、感謝と奉仕という企業理念やそれに共感する人たちの存在がある。このような気持ちは、毎月二二日に今でも行っている「味千感謝デー」にも表れている。これも創業者の発案で、大変お得な価格でラーメンが提供されている。一九八三年からは、フランチャイズの加盟店でも次第に行われるようになった。材料費は重光産業が持ち、加盟店にはプロモーションにもなる。感謝と奉仕の精神は、今年の四〇周年の記念で、県内四〇カ所の様々な施設（老人ホームなど）で、社長自らラーメンを作ってみんなに食べてもらっていることにもあらわれている。もちろん無料である。

現時点での国内店舗数は一〇〇店強であるが、このような企業理念は店舗展開にも影響しているはずである。重光産業では国内で開業したい人から連絡あれば、チェーンストア協会の資格を持つ店舗開拓のプロが、店舗の設計からコンサルティングまで行うことになる。重要なのは、彼等が現場で店長経験を積んだ人たちであり、したがって、目には見えない「感謝と奉仕」の理念といった味千ラーメンの企業文化を共有している点である。フランチャイジーとして新しく仲間に入ってもらう人たちとの対話に、味千ラーメンの理念に共鳴できる人かどうかといった判断も無意識に反映されていると考えられる。

二　海外展開に向かう第三の創業期

一九九七年、創業者の突然の死で、創業者の息子の重光克明氏が社長に就任することになる。一九九〇年頃からの国内の店舗展開の成長ペースはゆるやかであり、さらにカリスマ性のあった創業者の跡を継がなければならない状況であった。克明氏が社長に就任したのは二八歳、ちょうど世代交代の時期とも重なり、国内ではフランチャイジーの入れ替えや社内ではベテランの退職という、経営者としてはなかなか厳しい船出だったと思われる。しかし、図3―1からもわかるように、一九九七年はまさに何かが起こる予兆の中で、リーダーに就任したことになる。もちろん、「何か」とは海外における爆発的な成長のことである。現在は、海外成長を新たな軸に加えた第三の創業期に入っているといえよう。

台湾進出の経験とその後

しかし、この海外展開の種は実は創業者により蒔かれていた。しかも興味深いのは、最初に進出したのは中国ではなく台湾であった点、そして何より、このときは最終的に思うようにいかずに撤退している点である。

図3—2　海外における味千の店舗展開

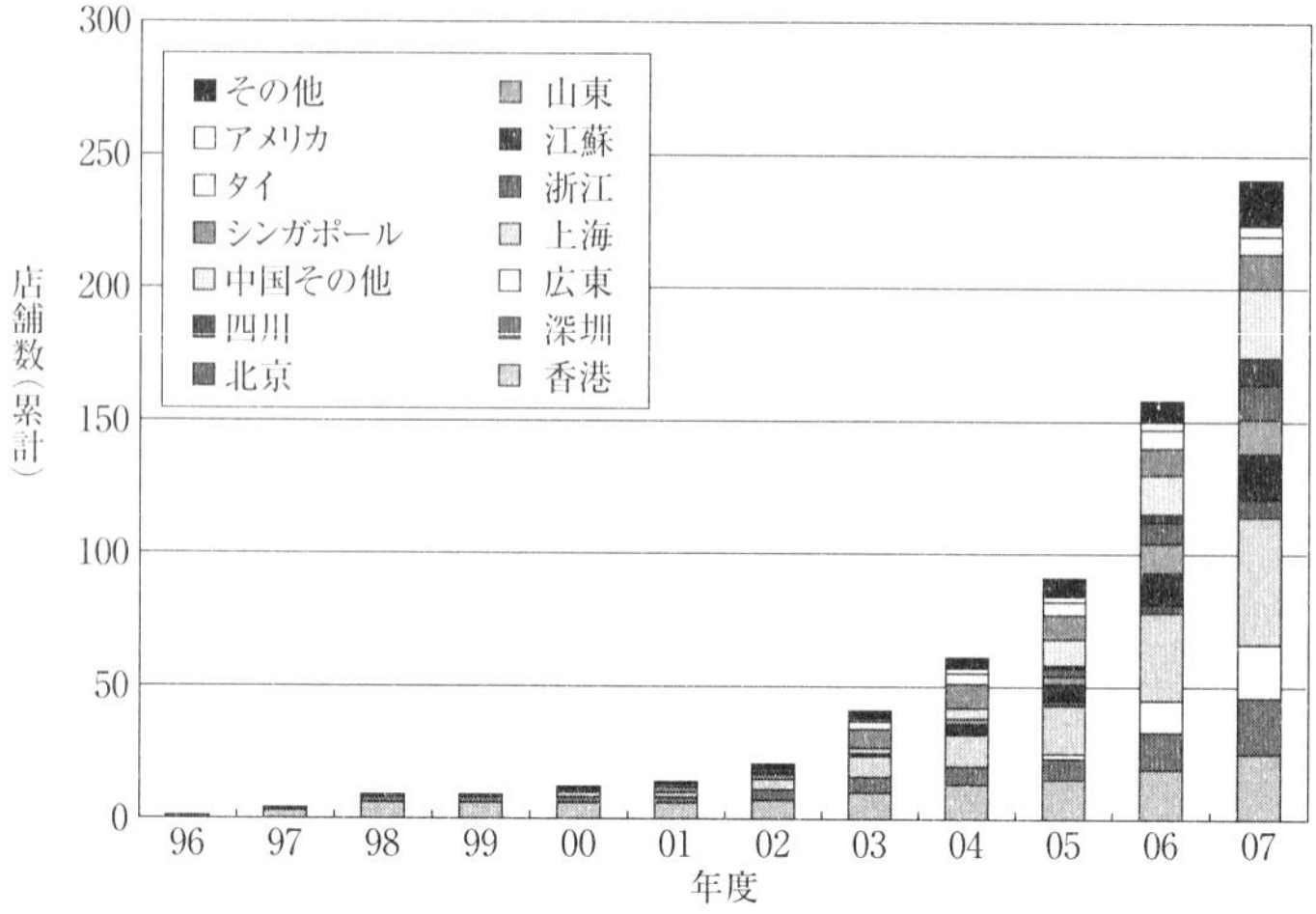

なぜ、台湾だったのであろうか。創業者にとっての理由は単純で、一九九四年に台湾に出店した理由は、生まれ故郷へのご恩返しの気持ちからであるという。国内の成長率が一段落しており、海外に目を向けてもおかしくない。台湾はアジアの中でもっとも日本文化を受け入れる地域であるということもあるだろう。創業者の感謝と奉仕の精神が台湾に目を向けさせたのは、味千ラーメンにとっては自然な流れであったのかもしれない。

　創業者の生まれ故郷でもあり、台湾の知人・親類も関わって味千ラーメンの海外第一号店が始まった。このときは日本から何人かのスタッフが常駐し、味千ラーメンの味を伝授した。セントラル・キッチンではなく、台湾の現場でスープも作った。しばらくして店舗運営も軌道に乗り、日本人スタッフは日本へ引き揚げた。問題が起きたのはその後であった。様子を見るために台湾にいってみると、驚いたことに味千ラーメンの味を勝手に変えられてしまっていたのである。現地化といってしまえば聞こえは良いが、現場の経営者の判断で現地の人の好みに合わせるために味を勝手に変えてしまったのである。

海外に展開するケースではこのようなコミュニケーション・ギャップは珍しくないのかもしれないが、味に強いこだわりを持っている創業者はずいぶんと悩んだという。最終的にこれでは味千ラーメンではないということになり、台湾から撤退することになる。

しかし歴史というのは不思議なもので、このときの教訓が今に生かされ海外での急成長につながっている。すなわち、現地の判断で味を勝手に変えさせないという根本原則を確立することになった。そのために、これ以降は国内と同じように、麺とスープ、調味料という味を決定する最も重要な部分は重光産業の工場でしっかりと管理して製造し、どの国でどのように店舗展開が行われようと、とことん味千の味にこだわるやり方をとる。日本での研究開発や生産技術といった、もの作りに埋め込まれた経験を動かせない形にして海外に移転する決心を固めることになったのである。

現在、中国国内（香港含む）、シンガポール、タイ、アメリカ、カナダなど、世界九カ国に展開している。今年は、ヨーロッパで初めてオランダに展開することも考えているという。このような多国籍に展開できるのも、展開する基本形が定まったことが大きい。

中国進出の第一歩／香港のパートナーと出会う

味千ラーメンの看板が中国でも日本国内と同じであることは述べた。「チーちゃん」のキャラクターも同じである。なぜ、中国の人が読めないひらがなやカタカナをそのまま使うのであろうか。お客様の中心はもちろん中国の人たちだから、看板が読めないのは問題があるように思う人も多いのではないか。しかし、実はこの手法は中国では意外によく用いられている。たとえば、キリンの「午後の紅茶」のケースも同様に「の」がしっかりとラベルに書かれている。面白いのは、中国の消費者にとって、このようにひらがなやカタカナを用いることは日本風を強くアピールすることになる。すなわち、このような文字を使うことにより、それが日本製であること、品質が良くて格好いといった望ましいイメージを作ることが期待できるのである。

このことから示唆されるように、味千ラーメンは中国では日本でイメージされるようなラーメン屋ではない。もちろん中国でもラーメンが中心であるが、品質が良い、おいしい、家族づれやカップルで利用できるちょっとおしゃれで高級な日本食の飲食店として展開している。これは、海外展開している他の地域についても当てはまる。台湾での最初の進出の失敗についてはすでに述べたが、現地化・標準化のケースとしても興味深いので少し詳しく見ていくことにしたい。

一九九四年、中国から熊本市に経済ミッションとして訪れたグループがあった。その中に、香港から来た何人かは「食」関係に興味あり、熊本市が窓口になっていたこともあって、重光産業にも見学に来た。その中に、当時香港在住の女性、デイジー・プーンさんがいたが、彼女からぜひラーメン店を中国で展開したいという申し出があった。大変熱心だったようで、話はとんとん拍子で進み、一九九六年、香港で味千ラーメンの中国一号店をスタートさせた。

台湾進出の失敗から学んだ教訓として、味千ラーメンとしての譲ることのできない味のスタンダードを守るために、セントラル・キッチンシステムの採用については述べた。自社工場でつくって、フランチャイズにそれを配送するシステムである。当然、中国でも工場を造らなければならない。重光産業は最初の製麺工場を深圳に作った。パートナーのプーンさんが営んでいた貿易業の倉庫が香港の隣の深圳にあったことから、そこに機械を入れて麺を作った。

しかし、この時点ではまだスープと調味料は日本から輸出していた。スープはきちんと扱えば作ってから通常三カ月は大丈夫だからである。麺とスープはこのように重光産業から提供するようにしたのは、台湾の苦い経験から得られた教訓に基づいている。味千ラーメンの味の責任は本部がとる、味は勝手に変えさせないという基本原則が守られている。ただし面白いのは、後で述べるようにラーメン以外のメニューについては柔軟に現地化が図られている点である。

現地側に経営を任せる

さて、二〇〇〇年になると、上海に本社を移すことになる。そして、それまでの香港、深圳を中心にした店舗展開から、図3―2を見てわかるように全中国をターゲットにする快進撃が一気に始まることになる。二〇〇一年に中国味千有限公司から味千チャイナホールディングへと名称は変わっていくが、重光産業は数パーセントの持ち分だけである。驚くことに、この会社は二〇〇七年に香港のハンセン市場に上場した。日本の中小企業の中国でのパートナーが上場企業になったのである。ちなみにこのパートナー企業は、二〇〇七年の『ビジネスウィーク』誌において、アジアでもっとも成長した企業ナンバー1に選ばれている。(2)

このように、味千ラーメンの海外展開は多少の資本関係を持つことはあっても、基本的には現地のパートナーに現地の経営をまかせるというスタイルをとっている。店舗展開や店舗の内装、メニューの構成などについては、現地経営者の専任事項である。海外においては、パートナーの経営する会社が直営店形式により店舗展開を行っている点が大きな特徴である。重光産業は香港に自身の現地法人を持っているが、パートナーの展開する直営店に対して、麺、スープ、調味料、食材の提供のみを行い、ブランド、ロゴ、チーちゃんの使用などを認めているのみである。中国ではこのようにプーンさんとの合弁会社を作る形態でパートナー関係を結んだ。グローバルに展開する中で、必ずしもこの形態にこだわる気はないということであるが、海外においては信頼できる現地のパートナーに店舗展開・経営は任せるというスタイルは当面変えるつもりはないということである。

三　標準化、共同化、現地化の戦略

現在、麺とスープの主力工場は上海に移った。スープ工場は需要の増加に合わせて二〇〇六年から操業を始めた。現在も味千ラーメンの技術顧問を務める西村龍昭氏が中国での工場の立ち上げに奔走したそうであるが、初めての海外工場ということもあり日本と中国のギャップに苦労も多かったという。専門的な言葉が通じなかったのはもちろんであるが、食材の扱い方もその流通のやり方も異なる中で、品質の違う小麦や水を使って日本と同じ麺を、さらに低コストで作る必要があったからである。ある意味で新たな発見の連続ということだったのであろうが、現在では中国の現地工場で生まれたラーメンの材料が広大な中国の店舗に配送されている。

この工場の工場長は、今でも本社の社員が派遣され常駐している。味については絶対の責任を持たなければならないからである。スープや麺の素材は現地で調達していても、一番重要な味の決め手である調味料の「千味油」は日本から輸出している。秘伝の味は知的所有権を守らなければならないというのが、その理由である。

ところで、中国のケースは理解できたとしても、熊本の中小企業がシンガポール、タイ、アメリカといった様々な国にパートナーを見つけるのは不可能なように思われるのではないか。この点について興味深いのは、華人ネットワークが信頼できるパートナーを見つける原動力になっていることである。ニューヨークはプーンさんの義理の弟が始めた。また、ロサンゼルスは香港の味千ラーメンを立ち上げた人の知人が始めた。

このように、信頼できる人、味千ラーメンのことを良く知っている人たちのネットワークが増殖している点が、味千ラーメンの海外展開の特徴である。もちろんそれ以外のパターンもある。シンガポールは味千ラーメンのことを良く知っていた高橋研一氏がパートナーである。あの狭いシンガポールで一三店舗を展開しており、将来シンガポールでの上場を考えているようである。

メニューの現地化・味千ラーメンの進化

海外展開における味千ラーメンの味についてはかなり厳しく標準化戦略がとられていることは理解されたと思うが、海外では同時に現地化戦略をとっている点は興味深い。これは、海外店は基本的には日本料理店として展開しているからである。食事の楽しみ方も上述したように異なる。したがって、メニューの中にはそれぞれ現地の顧客の食習慣や嗜好に合わせた、いかにも日本食らしいメニューが必要である。たとえば中国のケースでは、エノキの牛肉巻き、揚げ出し豆腐などの居酒屋風、お酒のためのサイドディッシュ的なものがメニューに多く載っている。また、一品あたりの分量も日本より多い。ただし、味千はコンサルティングが主で、最終的な判断は現地の経営者が行う。

写真3―4　第4回世界経営者ミーティング

写真提供：重光産業株式会社

店舗づくりも、いかにも外国人がイメージするような日本風にしている。この点についても、最終的な判断は現地の経営者マターである。相撲の絵や熊本城が壁面に描かれたお店もあるそうである。このように、店舗作りにも現地化に配慮した工夫がなされている。

このように重光産業の現地化戦略の基本は、日本らしさを提供するために相談には乗るが、麺とスープ以外についての最終判断は現地の経営者に任せるというものである。これは重光産業が日本食全般のエキスパートではないということもあるが、コアな部分（ラーメン）に特化し、余計なエネルギーを現地化戦略には投入しないという発想によっている。中小企業の限られた資源で、海外市場のような複雑で多様な現実に対処しなければならないケースではとても参考になる考え方であると思う。

このような考え方の対極にあるのが、ラーメンのメニューに国により独特のものが開発されている点である。たとえば、タイのトムヤンクンスープをベースにしたトムヤムラーメン、シンガポールの辛味噌にチリソースを加えてシンガポール風にアレンジしたボルケーノ（火山）ラーメン、ニューヨークの甘辛い肉味噌を麺にからませて食べるパスタ風ラーメンなど、まさに現地化した製品開発が行われている。このようなラーメンについては、最初のアイデアは現地から出される。それに基づいて、日本の本社でスープなどが開発される。現地化のための製品の共同開発が、中小企業でも行われているのである。このように開発されたものの中で日本のお客様にも受け入れてもらえそうなものについては、イベント的に期間限定で各国発のメニューとして提供されている。

以上のことをまとめると、重光産業は、味千ラーメンについては標準化、ご当地ラーメンについては共同開発、現地の経営者の判断による現地化の三つを上手くバランスを取りながら実践しているのである。

四　味千ラーメンがもたらしたもの

最後に、味千ラーメンの海外展開がもたらしたものについて考えてみたい。

第一に、成熟して成長率の望めない日本市場でいたずらにシェア争いに明け暮れるのではなく、新しい未来の糸口をつかんだことは大きい。しかも重要なのは、このことが創業以来の企業理念・企業文化の中から生まれてきている点である。特に、中国というと先進国とビジネスのやり方がかけ離れているとか、ビジネス倫理にかけるという声を聞くが、日本と同じ価値観、同じような仕組みで、地方の中小企業が、それもサービス業でビジネスを成功させる可能性を証明した点で、味千ラーメンのケースは大変興味深い。

第二に、「熊本から世界へ」、味千ラーメンのおいしさを世界の人がわかってくれたという事実は、社員に対して大きな喜びと自信を与えたことがあげられる。中小企業で働く人びとにとって、自分の会社が新聞で紹介され[3]、賞賛されるというのは働くことのモチベーションを上げることになる。人は誰でも、やりがいのある「良い仕事」がしたいのである。

第三に、熊本の地名を広めた貢献は大きい。人は知らないことについて考えることはない。観光で訪れることもない。日本人でも島根や宮崎の認知度が低いといって話題になることがあるが、「九州、熊本」の認知度を上げるのに果たした役割はとても大きい。これは強調してもしすぎることはない。今中国で熊本という言葉を聞いたことがあるとしたら、きっと味千ラーメンのおかげである。同じことを広告代理店に頼んだら一体どれ位の予算が必要になるか考えてもらいたい。

第四に、日本のラーメン文化、日本の食文化を世界に発信している点も強調しておきたい。食は文化である。なにも高尚な芸術品や工芸品だけが日本文化の代表選手ではない。日本の庶民の食文化が中国でも受け入れられている。こんなことはいままでなかったことである。ラーメンを食べるときには、海外でも次第に日本通の人たちがズルズルと音を立てて食べるようになってきているという。食を通じた文化交流、それも高級グルメではなく、庶民のグルメで行っていることにとても共感を覚える。多くの人びとの笑顔と日本のイメージがダブることは、大げさに言えば国益につながっている。マクドナルドが日本で果たした役割を考えると、文化の伝播という点から見ても興味深い。味千ラーメンの将来が楽しみである。

新たな課題

いくつか、課題についても述べておきたい。

最大の課題は、国内・国外を問わず人材の問題がある。これは、グローバル化しているすべての企業に共通する課題である。特に、海外で多店舗展開する中で、お客様と接する現場での人材のレベルアップが重要な経営課題であろう。中国の店舗規模は大きく、店長には経営的な知識も求められる。急速に成長しているケースでは、人材の制約が足下をすくいかねない。現地の人材育成は中国のパートナーの仕事であっても、お客様の期待を大きく裏切るようなことになると、ブランドは一気に輝きを失う。一度輝きを失ったら、それを取り戻すことが容易でないことは歴史が教えてくれている。

国内事業と海外事業の統合も課題になるだろう。現時点では、海外部門は売上の二割程度にしか過ぎないというが、おいしいものを世界の人に食べてもらえればそれで良いと思っている段階を超えると、組織的に様々な問題が出てくるかもしれない。国内では昔から長年営業している店舗がだいぶ古くさくなってきている。最近になって、県庁横のフラッグシップとなる本店を作り直したというが、中国のピカピカの店舗を見ていると、日本のラーメン店も時代に取り残されないように考えていかないといけないという印象を持つ。中国から来た観光客ががっかりしないような配慮も必要になろう。

海外のパートナー同士の意思疎通をどうするかも興味深い問題である。味千グループという意味では、年に一回、経営者ミーティングをやっている。海外の経営者のミーティングは今年で四回目、熊本、台湾、香港、熊本（四〇周年）と開催地を変えて交流している。良い意味で、お互いに学び合い切磋琢磨するような状況が生まれれば、ますます味千ブランドの輝きが増すと思うが、海外の規模がこれまで以上に大きくなってくると組織的な管理コストが急増することが考えられる。これも、これまで以上に大成功を収めた後の課題ということになろう。

（１）本稿の作成に当たり、重光産業の広報室長、重光悦枝氏に資料提供やインタビューでご協力をいただいた。

（２）*Business Week November*, 2007.

（３）例えば、『熊本日日新聞』二〇〇八年七月八日、『商業施設新聞』二〇〇八年七月二九日、など。

第4章　上州ラーメン／ブームの後のB級グルメを考える

山藤竜太郎

群馬県のラーメンとして知られているのは、藤岡市の「上州藤岡ラーメン」である。一九八〇年代後半以降、札幌ラーメン、博多ラーメン、喜多方ラーメンに続き、各地のご当地ラーメンが注目される中で、群馬県名物として上州藤岡ラーメンが各種のテレビや雑誌等のメディアで取り上げられていた。

だが、二〇〇〇年代に入ると、ご当地ラーメンブームも落ち着きを見せてきた。その中でも佐野ラーメン[1]のように地元に定着するものもあり、笠岡ラーメンのように新たなご当地ラーメンとして普及しつつあるものも存在する。他方、上州藤岡ラーメンをはじめ、群馬県のご当地ラーメンは一時期の勢いを失っているようにも見える。

群馬県には小麦粉を使用した食文化があり、醤油や豚肉など地元産の食材を活用した地域ブランド化の余地は大きい。ここでは、上州藤岡ラーメンのブームを振り返りながら、今後の展開について考えていきたい。

一　上州藤岡ラーメン会

藤岡市は群馬県南西部に位置し、人口は七万〇六〇一人（二〇〇八年一〇月一日現在）と、二〇〇六年一月一日に鬼石町と合併したことで七万人を超えている。江戸時代には地元藤岡や富岡、高崎で生産された「上州絹」「日野絹」と呼ばれた生糸の集散地として藤岡は知られていた。明治時代には「清温育」と呼ばれる養蚕飼育法を開発した高山長五郎らによって、一八八四（明治一七）年に「高山社」という養蚕改良組合が藤岡で設立された。江戸時代から明治・大正時代にかけて養蚕で栄えた面影は今でも残り、街のあちこちに往時をしのぶ蔵が立ち並んでいる。

藤岡市はラーメンの歴史も古く、一九〇三（明治三六）年創業の「むらちゃんラーメン」（藤岡市立石）以来一〇〇年以上の歴史を重ねるが、全国的に有名になったのは上州藤岡ラーメン会が設立され、テレビや雑誌等のメディアで取り上げられるようになってからである。まず、この上州藤岡ラーメン会の設立の経緯から見て行きたい。

上州藤岡ラーメン会の設立

上州藤岡ラーメン会の立役者は、藤居惣一氏（一九四一年生まれ）である。藤居氏はミドリヤ不動産とミドリヤ化粧品店の経営者であるが、四一歳の時に藤岡市議会議員に当選した。市会議員としてまちおこしのことを考えた際に、「他人のためになることを」と思い、藤岡市を紹介する手作りの地図を作ったことが上州藤岡ラーメン会につながる。

その地図に注目したのが群馬県藤岡行政事務所の職員であった。群馬県庁の地域振興課の事業として各地の地域振興の支援をする事業があり、補助金が付くことになった。藤岡市を紹介するだけの地図ではなく、イベント性を持たせるために、藤岡市内のラーメン店を巡るラーメンスタンプを作成した。三六軒のラーメン店のうち一〇軒を回ると、景品として湯飲み茶碗がもらえるというものであった。

写真4―1　藤居惣一氏

ラーメンスタンプは大好評で、翌年からは群馬県庁だけでなく藤岡商工会議所からも補助金が出されるようになり、運営母体として一九九三年五月に上州藤岡ラーメン会が設立

図4—1　上州藤岡ラーメンマップ

された。ラーメンスタンプは四回目からはラーメンラリーとして発展し、一〇食の完食賞として「上州藤岡ラーメン（五食入）」がプレゼントされ、さらに抽選で豪華商品が当たった。

一九九五年には藤岡市制四〇周年を記念して、「第三回全国ラーメンサミットinふじおか」を開催した。「全国ラーメン仲良し会」は一九九二年に北海道の上川町ラーメン日本一の会、山形県の米沢そんぴんラーメン会[2]、栃木県の佐野ラーメン会の三団体が集まって設立され、第一回全国ラーメンサミットは米沢市で開催された。その後、上州藤岡ラーメン会などが加盟して八団体となり、一九九四年には上川町で第二回全国ラーメンサミット、その後、さらに加盟団体が増加し、一一団体による第三回全国ラーメンサミットが藤岡市で開催されたのである。藤岡市制四〇周年記念として、藤岡市長も挨拶を行なう市をあげてのイベントとなり、上州藤岡ラーメンは藤岡市のシンボルとなっていった。

メディアを活用

ラーメンラリーはさらに発展し、一九九八年にはラーメン駅伝となった。五人一組のチームが三〇組参加し、市内を駆け巡りつつ一人二杯ずつラーメンを食べるという過酷（?）なレースであった。道路使用許可のため警察との交渉、参加者を集めるためマスコミにＦＡＸで告知などの地道な努力が実り、群馬県内のみならず東京、千葉、埼玉や新潟からも参加者が集まった。

ラーメン駅伝は一九九九年の第二回以降、第四走者が仮装をすることになり、タイムトライアルの優勝、準優勝だけでなくお笑い仮装大賞も設けられた。仮装して走る姿は画になるため、各種メディアでも盛んに取り上げられるようになり、地元の上毛新聞をはじめ、朝日新聞、読売新聞、産経新聞など全国紙でも紹介された。

メディアに取り上げてもらう努力は続き、当時の人気番組であったテレビ東京系の『愛の貧乏脱出大作戦』に、藤岡市内のラーメン店を出演させることを藤居氏らが発案した。「ラーメン藤」の佐々木克典氏（一九六六年生まれ）が出演することになったのだが、親族による「貧乏なんて名前の付いている番組に出るな」という反対を押し切っての出演であった。

佐々木氏は崎陽軒本店総料理長（当時）の曽兆明氏の下で修行をし、ラーメンの改良とともに新たな看板メニューとなる皿うどん作りにも挑戦した。ラーメンは二三種類の麺からスープに最適の麺を選び、皿うどんは一〇五皿目でようやく曽氏のＯＫが出るほど大変な修業であった。番組は一九九八年四月二九日と五月四日の二回に渡り放映され、放送直後には朝一一時半の開店にもかかわらず朝九時には既に行列ができる人気店となった。

その後も上州藤岡ラーメン会の会長は「宮口軒」の宮口昭義氏から「柿乃木」の神戸貞雄氏へと移って運営されているが、二〇〇四年に藤居氏が上州藤岡ラーメン会の運営から離れ、地域振興より個店の振興へと重点がシフトしつつある。

二　上州藤岡ラーメンの現在

藤居氏を中心に一九九〇年代に盛り上がった上州藤岡ラーメンが、現在ではどのような様子であるか、代表的なラーメン店を巡って考えてみたい。藤岡市内には約六〇店のラーメン店があるとされ、佐野ラーメンの流れを汲む青竹打ちが特徴とされる。しかし、実際に藤岡市内のラーメン店を廻ると、上州（群馬県）ならではのラーメンに出会うことが出来る。

宮口軒／手打ちうどん風ラーメン

上州藤岡ラーメン会の会長を務めていた宮口昭義氏が経営するラーメン店が「宮口軒」（藤

岡市上栗須）である。宮口軒は一九九八年一月一日のTVチャンピオンの「日本一うまいラーメン決定戦」に出場し、和歌山県の井出食堂（九〇点）にわずか一点差の八九点で惜しくも敗れたが、準優勝の栄誉を勝ち取った実力店である。

写真4—2　宮口軒の純手打羅阿麺

宮口氏は新潟県出身、群馬県の酒造会社に勤務していたが、転職して前橋市内のうどん店で働き、うどん作りの技術を学んだ。その技術を活かして一九七六年に藤岡市内で屋台のラーメン店を始めたことがルーツとなっている。上州ラーメンの本場である藤岡市内でも宮口氏のラーメンは好評で、一九八七年には店舗を構えて正式に宮口軒の屋号で経営を始めた。

宮口軒のラーメンの特徴は、無かん水で小麦粉一〇〇％の手打ち麺である。しかも中国式の手で引っ張って延ばす技法（拉麺の語源）でもなく、佐野ラーメン式の青竹打ちでもなく、足で踏み込んでコシを出すという、まさにうどん作りの技法そのままである。ただし、うどん作りには通常用いられない強力粉と薄力粉を混ぜて使用することで、ラーメン独特の食感を出している。粉だけではなく水にもこだわりがあり、赤城山鳥居峠の「弘法の井戸」と呼ばれる湧き水を一時間かけて毎日汲んでいる。こうして打った麺は手切りして半日間寝かせるが、全て宮口氏の手作業であるため一日一三〇玉限定となっている。

看板メニューは「純手打羅阿麺（五〇〇円）」。羅阿麺はラーメンの当て字である。麺はまさに手打ち、手切りであり、太麺の中に時おり細い麺なども混じっているが、モチモチとした食感が実に美味しい。スープは醤油ダレに醤油だけでなくワイン、ウイスキー、アーモンドの粉などを入れており、出汁には鶏ガラ、豚骨だけでなく朝鮮人参、クコの実など漢方の素材を一八種類ブレンドしている。

柿乃木／上州藤岡ラーメン会の会長の店

「柿乃木」（藤岡市上大塚）は上州藤岡ラーメン会の現会長である神戸貞雄氏が経営するラーメン店である。国道二五四号線、通称西上州やまびこ街道沿いに柿乃木はあり、店名通りの柿の木が店頭でたわわな実を実らせていた。自動ドアを開けて店舗に入ると、正面には八人ほど座れるテーブル席があり、その奥が調理場になっている。さらに左側は座敷席になっており、四人がけの席が六席あった。

看板メニューは「姫ラーメン（八五〇円）」、姫の名前の由来は上州姫街道と呼ばれる下仁田道にある。姫街道とは江戸時代以前に主要街道の別ルートを指した言葉である。上州姫街道は中山道の脇往還であり、本庄宿（埼玉県本庄市）から分岐し、藤岡宿（群馬県藤岡市）を抜けて、借宿（長野県北佐久郡軽井沢町）で中山道に合流する道筋。姫ラーメンは一八種類の山の幸、海の幸を盛り込んだ味噌ごま味の豪華なラーメンである。

写真4―3　お土産用の上州藤岡ラーメン

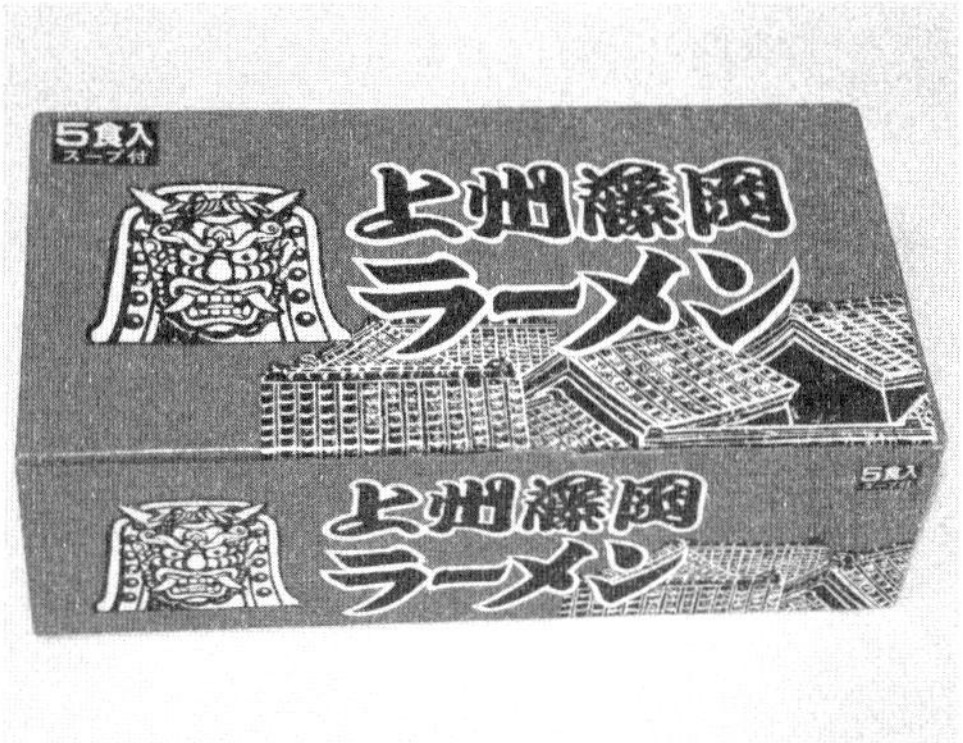

姫ラーメンとは別に「藤岡ラーメン（五三〇円）」もあり、こちらは醤油味のスープに、チャーシュー、味付けタマゴ、さやいんげん、なると、刻みネギが載っている。麺は手打ち麺だが宮口軒に比べるとかなり細く、東京ラーメンに近い中細麺であり、スープは若干とろみがあるのが特徴である。

会計を済ませようとレジに赴くと、「上州藤岡ラーメン」と「姫ラーメン」のお土産用の箱が置かれていた。それぞれ五食入りで一〇〇〇円とのことで、上州藤岡ラーメンを注文した。上州藤岡ラーメン会について聞くと、加盟店がかつて掲げていた幟も既になく、ラーメン会として目立った活動はしていないとのことであった。

写真4―4　みやご食堂の中華そば

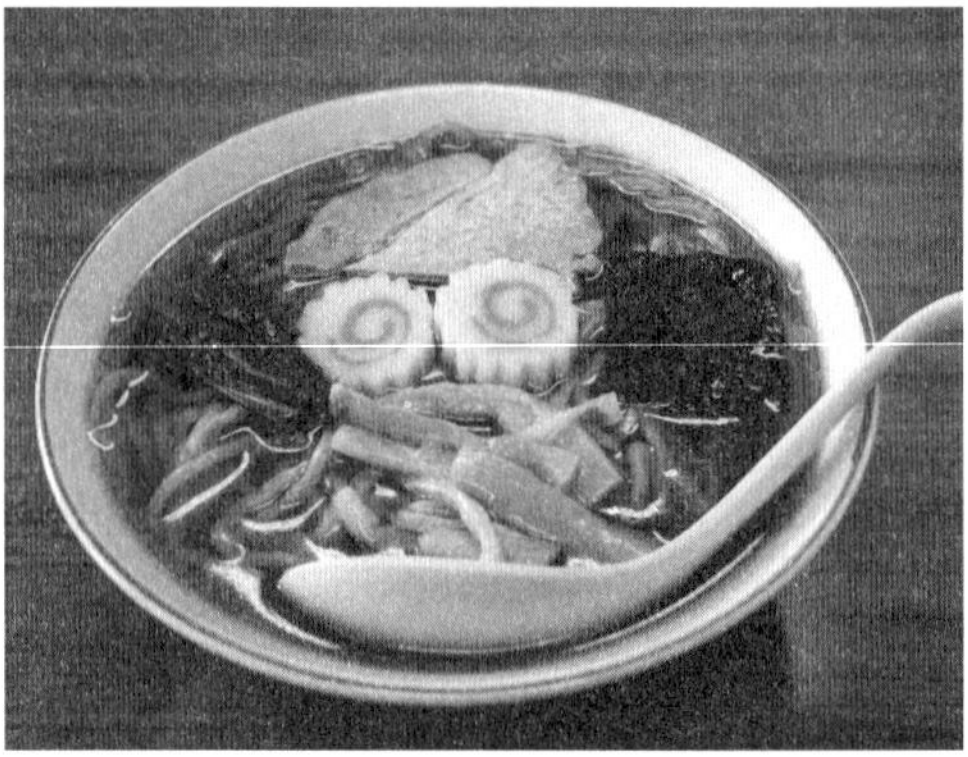

みやご食堂／青竹打ちのラーメン

「みやご食堂」（藤岡市藤岡）は一九五四年創業と藤岡市のラーメン店の中でも老舗の一つであり、各種のラーメンガイドでも取り上げられている。現在は上州藤岡ラーメン会には加盟していないが、ラーメンラリーを行っていた一九九〇年代には上州藤岡ラーメン会のメンバーであった。

店舗は上州藤岡ラーメン会の立役者である藤居氏のミドリヤ化粧品にも程近い、藤岡市の中心部に位置している。四人がけのテーブル席四席と四人がけの座敷席二席で合計二〇席、調理場の右奥が麺を打つスペースになっている。直径一二～一三センチはあろうかという太い孟宗竹は、長さも一七〇センチと人の背丈ほどもある。五〇玉の麺を打つのに一時間かかり、早朝から麺の仕込みをしても一日に提供できるラーメンの数は限られている。

「中華そば（五〇〇円）」の麺は手打ちの中太麺、醤油味のスープは、出汁に鶏ガラ、豚骨、煮干しが用いられている。トッピングはチャーシュー、メンマ、ほうれん草、なると、海苔となっている。麺はモチモチ感とシコシコ感がちょうど良い加減で、あっさり味でありながら味わいの深いスープと良く合っている。

かつては常連客向けの裏メニューであったという「太麺中華そば（七〇〇円）」は、通常の麺の数倍の太さがあり、メンマと同じかメンマより太い。手打ち麺に自信があるからこそ出来るメニューであると感じさせられた。

藤岡市内のラーメン店を廻って気づいたことは、麺は基本的に手打ちで佐野ラーメンに近いとも言えるが、宮口軒のように群馬県のソウルフード（風土食）であるうどんの影響も強い。スープについては佐野ラーメンが醤油味であるものの店によっては塩味に近いほど薄いものもあるのに対し、藤岡ラーメンはあっさり味でも醤油味がより強い。さらに柿乃木のややとろみのあるスープには、群馬県のもう一つのソウルフードである「おっきりこみ」（「おきりこみ」とも）の影響も感じさせられる。

三　上州ラーメンの可能性

調査の中で明らかになったことは、上州藤岡ラーメンが一九九〇年代には盛んに各種メディアに取り上げられていたものの、最近では上州藤岡ラーメンとしてのまとまりに活力が失われつつあるということである。さらに群馬県内の人びとに尋ねたところ、「群馬県ならではのラーメンなど存在しないのでは?」というコメントを数多く聞いた。

しかし、「食」の地域ブランド化ということを考えた際に、群馬県(上州)ならではの要素を考えれば、様々な可能性が存在する。群馬県は米麦二毛作の歴史が長く、現在でも小麦の生産量は全国第四位(第一位北海道、第二位福岡県、第三位佐賀県)、本州だけを見れば第一位である。そのため小麦を活用した食文化が根づいており、うどん、おっきりこみ、焼きまんじゅうなどの伝統的なメニューが存在する。ここでは、小麦を中心とした群馬県の食文化を支える企業について考えてみたい。

正田醤油/醤油の新たな可能性を目指して

正田醤油(館林市)の創業は一八七三(明治六)年、米穀商の三代目正田文右衛門が千葉県野田町の二代目茂木房五郎(キッコーマン)から勧められて醤油醸造業に進出した。三代目正田文右衛門の孫の正田貞一郎が一九〇〇年に創業した館林製粉が現在の日清製粉であり、正田醤油は日清製粉のルーツと言える。製品の内訳は醤油が約二五%、タレ・ツユが約七五%と、醤油そのものよりもタレ・ツユの割合の方が高く、さらに、タレ・ツユは約八〇%が業務用となっている。

　正田醤油の特徴は研究開発部門として単独で存在するのではなく、発酵技術の研究開発を行う発酵研究所は生産本部内にあり、レシピ開発を行う食品開発センターは営業本部内にある。そのため、食品開発センターは営業からの声を反映し、顧客に近い視点でレシピ開発を行っている。最近では山崎製パンと協力して「しょうゆ蒸しパン『正田醤油使用』」という商品を発売するなど、醤油の用途先を広げる努力にも余念がない。

　一九九三年に完成した館林東工場は敷地面積七万五〇〇〇平方メートル、延床面積二万五九六〇平方メートルと単独の醤油工場としては最大規模である。醤油の原料は大豆、小麦、食塩だが、毎時二〇〇〇キロもの小麦を炒る装置などが並び、清潔な環境で醤油が一貫生産されている。大量に生産された醤油の運搬にはペットボトル、一斗缶、ＢＩＢ（バッグ・イン・バッグ）の他、タンクローリーも使用されている。醤油の運搬にタンクローリーを使用したのは正田醤油が世界初である。

星野物産／地元産の小麦粉を活用

　三〇年ほど前までは四大製粉（日清製粉、日本製粉、昭和産業、日東製粉）全ての製粉所が群馬県内に存在したが、現在でも星野物産（みどり市）と曽我製粉（前橋市）だけは群馬県内

写真4—5　上州地粉の手振りうどん

で製粉を行っている。一九〇二（明治三五）年に創業された星野物産は、製粉だけでなく乾麺と茹で麺の製造を行っている。

一九七七年に発売された「手振りうどん」は大ヒットし、現在でも東京都内のスーパーなどで販売されている。手振りうどんの特徴は四～五分で茹で上がることであり、一般的な乾麺の茹で時間が一五分と長く、即席麺に比べて調理時間の長さが敬遠される中、手振りうどんは革命的な乾麺として登場した。

星野物産の特徴は国内産、特に群馬県産の小麦の使用率が高いことである。他の製粉会社は国内産の小麦の比率が一〇％程度なのに対し、星野物産の場合は国内産が三〇％前後と高い。さらに国内産のうち八〇～九〇％が群馬県産の小麦である。そのため「上州地粉」の手振りうどんも販売できるのである。

小林製麺所／ラーメン店を支える製麺所

小林製麺所（前橋市）は代表取締役の小林一隆氏（一九五一年生まれ）の父親が一九五〇年頃に創業した。第二次大戦からの復員後に和菓子屋を営んだものの、老舗との競合に苦しみ、中華麺の製麺所に転換した。うどんを打った経験はあったものの、中華麺の製造は見よう見まねのスタートであった。操業当初は完全に手打ちであったものの、需要の増大に対応するため一九五六年以降、徐々に機械化していった。

しかし、小林氏が大学三年生の時に父親が糖尿病を患い、高校教員への道を断念して家業を継いだ。当時の取引先は一〇軒程度、「企業ではなく家業」という段階であったが、一九八四年に有限会社化し、現在では取引先も二〇〇軒を超えている。前橋市内だけで三〇軒以上あった製麺所も現在では一〇軒程度になっているが、小林製麺所は顧客のニーズに合わせて成長している。小林氏が継いだ際には一種類の麺しか製造していなかったが、現在では五種類の粉を顧客の要望によって組み合わせ、切り歯やモミなどで太さや食感にも違いを出している。

小林製麺所で興味深いことは、宮口軒の創業の経緯と同じく、うどんを打った経験からラーメンの製造に踏み込んでいることである。ここにも、群馬県のラーメンの背後にうどん文化の影響がうかがえる。

図4—2　上州麦豚うどんの広告

大黒食品工業／商工会議所や学生と協力して新商品開発

大黒食品工業（佐波郡玉村町）は代表取締役社長の竹村弘氏が一九六二年に創業した。当初は乾麺の製造をしていたが、その後は袋麺とカップ麺の製造に進出しており、「マイフレンド」「大黒」「ＡＫＡＧＩ」の三つのブランドで販売している。同社は低価格帯の商品に強みを持つため、近年の原料費高騰にともなう価格高騰の中で、お手頃商品として人気を集めている。

大黒食品工業の竹村修専務は新規商品の開発にも積極的で、共愛学園前橋国際大学の「バーチャル・カンパニー」の授業で学生と共同開発し、二〇〇六年には「冷やし中華」などの冷やしシリーズを販売した。続く二〇〇七年には「上州『伊勢崎焼きうどん』」も発売している。さらに前橋商工会議所青年部が「ＴＯＮＴＯＮのまち前橋」の新名物づくりを目指すという事業に協力し、二〇〇八年四月から期間限定で「上州麦豚うどん」を発売した。

四　「食」の地域ブランド化

群馬県（上州）は小麦粉を利用した食文化の伝統があり、特にうどん文化は宮口軒や小林製麺所のような生手打ち麺であれ、星野物産や大黒食品工業のような乾麺であれ、ラーメンにもつながる流れとなっている。こうした地元の「食」が必ずしも地域ブランドとして定着していないことに難しさを感じるが、ここで改めて「食」の地域ブランド化について考えてみたい。

「食」の地域ブランド化の四類型

私たちはこれまでのシリーズで「食」の地域ブランド化を取り上げてきており、その分類方法についてもいくつか検討している。その一つとして以下の二つの分類軸が存在する。第一の分類軸となるのは、メニューが伝統的なものであるか新規のものであるかということである。地域ブランド化された食にも、伝統食と言えるものと、新規の創作メニューが存在する。第二の分類軸となるのは中心人物が店主であるか、店主以外のファンであるかということである。

この二つの軸によって四つに分類したものが**図4―3**である。①は伝統的なメニューを店主が中心となって地域ブランド化するものである。この代表例は栃木そばであろう[3]。近代そばの元祖と言われる片岡康雄氏（一九〇四〜一九九五年）が中心となり、最後の弟子である根本忠明氏（一九五四年生まれ）が引き継いでいる。上州藤岡ラーメンは②伝統的なメニューをファンが中心となって地域ブランド化した例であり、佐野ラーメンも佐野市商工観光課の浅井進氏が中心となった歴史を持つ。

③は創作メニューを店主が中心となって地域ブランド化する例であり、北海道帯広市のビフトロ丼が代表例である[4]。ビフトロ丼は夢がいっぱい牧場の片岡文洋氏（一九四五年生まれ）が「肉牛を可能な限り一〇〇%まで使用する」というポリシーに基づき、新メニューとして開発した。創作メニューをファンが中心となって開発する④の代表例は、北海道富良野市のオムカレーである[5]。オムカレーを開発したのは、市職員、地元農業関係者、教育関係者によって構成されたボランティア組織「食のトライアングル〈食・商・消〉研究会」である。

図4―3 「食」の地域ブランド化の分類

		メニュー	
		伝統	新規
中心人物	店主	①	③
	ファン	②	④

「食」の地域ブランド化の分類としては上記のように考えることができるが、重要なことは中心人物が個店の店主であっても地域の人びとが幅広く支えなければ本当の意味での「地域」ブランドとして浸透しない。中心人物がそのメニューのファンである場合は、本業ではないた

め継続性の面でより問題が生じやすく、個店の店主も地域の人びとも、その地域のブランドとして受け止めなければ長続きしない。

先進事例に見る地域ブランドの継続の努力

先の①～④の代表例では、それぞれに地域ブランドとして持続可能なものにする努力が行われている。①の栃木そばの例では、片岡康雄氏の弟子は全国各地に存在し、根本忠明氏も二〇〇二年からの五年間で二五〇〇人を指導している。こうした人びとの中から「栃木のうまい蕎麦を食べる会」や各地の農村レストランが生まれ、民間も行政も巻き込んだうねりとなっている。②の佐野ラーメンは浅井氏の熱意を受け止めたラーメン店主が佐野ラーメン会を結成しているが、「栃木県佐野市／「ラーメン」と「いもフライ」のまち」(6)で取り上げられているようにラーメン店の後継者問題や、佐野ラーメン会と佐野おみやげ麺会の並立といった問題が生じている。

③のビフトロ丼はまだ限られた場所でしか売られていないが、帯広市の菅尾氏も「ビフトロ丼が豚丼に次ぐ第二の十勝ご当地丼に育つために、温かく陰からサポートしたいと思っています」と語っているように、市をあげてサポートする動きへとつながりつつある。④のオムカレーも食のトライアングル〈食・商・消〉研究会の趣旨に賛同する店舗二四店（通称「ふらの

カレンジャーズ」）が協力し、八店舗が既にメニューに加えている。

上州藤岡ラーメンもかつてはメディアにも盛んに取り上げられ、全国的にも有名になりつつあったが、一時期の勢いの火は消えつつある。しかし、まだ確かに種火は残っており、地域ブランド化もこれからの取り組み次第であると感じさせられた。藤岡市、さらには群馬県の人びとが愛するラーメンが、地域ブランドとして全国の人びとにも愛されるよう願ってやまない。

（1）佐野ラーメンについては、関満博「栃木県佐野市／「ラーメン」と「いもフライ」のまち」（関満博・古川一郎『「B級グルメ」の地域ブランド戦略』新評論、二〇〇八年）を参照されたい。
（2）米沢ラーメンについては、古川一郎「米沢ラーメン／「食」から地域経営を考える」（関満博・古川一郎編『中小都市の「B級グルメ」戦略』新評論、二〇〇八年）を参照されたい。
（3）栃木そばについては、関満博「栃木そば／中山間地域の農村レストランの展開」（関・古川前掲『中小都市の「B級グルメ」戦略』）を参照されたい。
（4）ビフトロ丼については、西村俊輔「帯広ビフトロ丼／北海道十勝の連携が始まる」（関・古川前掲『中小都市の「B級グルメ」戦略』）を参照されたい。
（5）オムカレーについては、西村俊輔「北海道富良野市／「オムカレー」を通じたまちおこし」（関・古川前掲『「B級グルメ」の地域ブランド戦略』）を参照されたい。
（6）関、前掲「栃木そば／中山間地域の農村レストランの展開」。

第Ⅱ部　地域の新たな取り組み

第5章　釜石ラーメン／鉄の町の誇り「極細ちぢれ麺」

及川孝信

東北地方におけるご当地ラーメンの代表格と言えば、日本三大ラーメンとして名を馳せてきた喜多方ラーメン（福島県喜多方市）を筆頭に、最近では、米沢ラーメン（山形県米沢市）や、白河ラーメン（福島県白河市）等があげられる。(1) 喜多方や米沢は市内一〇〇軒以上、白河でも八〇軒以上のラーメン店がご当地共同体として、かつ、良きライバルとしてしのぎを削っている。このように、東北のご当地ラーメンの取り組みは、南東北地方（福島県・山形県）が先駆的な歴史を刻んできており、様々な角度で研究も重ねられている。(2)

そこで視点をご当地先進地から後発地（新参組）に移し、まだご当地化が始まったばかりで、全国どころか、東北地方や県内でもまだ知れ渡っていない取り組みを紹介したい。本章では、北東北の三陸海岸に面する人口四万人強の町・岩手県釜石市の「釜石ラーメン」を取り上げる。現状はまだまだ地元でも合意形成はされておらず、同市内でラーメンが食べられるのは三〇軒前後、狭義の意味合いでは一〇軒ほどしかないとも言われている。このように、既に成功している先進地の一〇〇軒以上の町と比べると、決して集積度は高くはないが、だからこそ、小さな町における後発地の進め方のヒントが横たわっているのではないか。

一　企業城下町が守り続けてきた誇り

釜石市は、岩手県の南東部に位置し、三陸海岸に面した水産資源豊富な漁場を持ち、かつ、約一五〇年前のわが国最初の洋式高炉建設地として「近代製鉄業の発祥の地」でもある。日本最大規模の鉄・銅併産による鉄鋼一貫生産の強みを活かし、重厚長大産業の中心的都市として一〇〇年にわたって栄えてきたのである。

この「鉄と魚のまち」釜石は、戦後の一〇年間だけでも三万人以上の人びとが転入してきて、昭和の高度経済成長期である一九六〇年代前半には人口約九万二〇〇〇人、県内第二の都市を誇っていた。当時は、富士製鐵㈱釜石製鐵所(3)で働く八〇〇〇人を越える従業員とその家族が暮らす企業城下町であり、中心市街地は全国有数の繁華街として栄え、最先端トレンドの生活様式で湧きかえっていたという。

しかしながら、その後の鉱山資源の枯渇や、鉄鋼業の国際競争の激化により社内合理化が進められ、釜石製鐵所の一部は東海地区へ集中(4)されるなど、高炉の縮小・休止が続くことになる。それに伴い市内人口は、一九六三年をピークに一転して減少を続け、現在では当時の半数以下の四万二〇〇〇人を割っている。実に四五年間で五万人も減少したことになる。言い換えるならば、市民の半数は製鐵所関連（外注・下請け会社等含む）の従事者とその家族だったのである。

この間、新日鉄釜石のラグビー日本選手権の七連覇（一九七九〜八五年）や、三陸・海の博覧会（一九九二年）等の明るい話題が多少はあったものの、地域経済の縮小、人口の減少には歯止めがかからず、四五年連続人口減少で、高齢化率が三〇％を越えた超・少子高齢化の象徴的な都市の一つになっていったのである。

六〇年前から地域の人びとが誇れるモノ

さて「鉄」と「魚」を売り物にしてきた町は、二〇〇七年三月一八日に仙人峠道路（遠野〜釜石間一八・四キロ）が全線開通するなど、二一世紀は「エコ」と「物流」といった次世代産業の新しいカタチを掴むべく努力を始めたところだが、それらが地元文化として浸透するにはやはり長い年月が必要となる。では鉄や魚以外に、釜石に暮らす人びとが誇れるモノはないのか、古くからありつつ、新しいカタチを生み出せるような地域資源はないのか、そんな問いかけに対する答えの一つが、地元の人びとが誇らしげに語る「実は釜石のラーメンは美味いんだよ！」にあるのかもしれない。

釜石ラーメンのスタイルは、現段階で特別な統一基準があるわけではないが、「新華園が釜石ラーメンの原形を生み出した」という地元の声は大きく、事実上ののれん分け店も少なくない。詳しくは後述するが、この新華園は一九五一（昭和二六）年に開店し、六〇年近い歴史を重ね、現在二代目となる息子三兄弟が受け継いでいる中華専門店である。基本的なカタチは、

写真5—1　新華園本店の極細ちぢれ麺

自家製の極細のちぢれ麺（写真5—1）と透き通ったあっさりスープという、まさに、支那（中華）そばの標準形に近く、北東北地方全般で最もポピュラーなスタイルでもある。

そして、この釜石ラーメン文化は、戦後六〇年以上の歳月をかけて熟成してきたのだが、決して観光資源化の対象ではなく、古き良き時代を背負ってきた釜石人が守り続けてきた企業城下町の歴史と誇りが隠されており、食の進化の軌跡でもあったのである。

二　極細ちぢれ麺文化の成り立ちと進化

現在市内でラーメンを提供する店は、中華専門店、一般食堂、さらにはそば・うどん屋を合わせると約三〇店舗ほどある。関係者の意見では、狭義の釜石ラーメンは一〇店前後とも言われるが、全てが自家製麺ではなく、市内製麺業者と共同開発している店もある。(5)

つまり、釜石ラーメンの現状では、ご当地化の三大要素である「共同体の発足（統一ルール）」「マップづくり」「土産品開発」への取り組みはまだ始まっていないのである。そこで各店の個別の歴史を振り返り、釜石ラーメンの成り立ちや進化における共通項やご当地化の可能性を探ってみよう。ここでは、元祖と言われる中華専門店「新華園」、自家製麺を手がける食堂「あゆとく」、麺の改良を重ね続ける食堂「廣島屋」（現・葡萄小屋の青年達）の三つの進化論を見ていきたい。

元祖「新華園」の歩みと極細めんの利点

「本当はケンタッキーフライドチキンに入社して米国で働く予定だったが、父の帰って来いのひと言で…」と笑いながら語る西条公滋《こうじ》氏は、「新華園」の創業者である暢士《のぶひと》氏（台湾名　蔡主賜）の次男であり、「新華園」が釜石で開店した一九五一（昭和二六）年生まれの五七歳である。つまり「新華園」も五七歳というわけである（二〇〇八年八月現在）。

公滋氏によると、台湾で生まれ育った父は戦前は横須賀の飛行場で整備士をしており、母と

表5—1　釜石ラーメンを提供する主なお店

分類		店名	場所	営業時間
中華系	1	新華園本店	大町	11：00〜21：00
	2	新華園支店	大町	11：00〜21：00
	3	青龍	大町	夜のみ18：00〜24：20
	4	こんとき	大町	夜のみ22：00〜03：00
	5	大連	大町	11：00〜20：00
	6	ひょっこりラーメン	大町	
	7	味一	只越町	11：00〜14：00 17：00〜02：00
	8	トントン	只越町	夜のみ18:00〜
	9	味一番	中妻町	
	10	昇華（観音店）	大平町	
	11	昇華（平田店）	平田	11：00〜19：30
食堂系	12	あゆとく	中島町	11：00〜22：00
	13	三重食堂	小川町	11：00〜18：30
	14	廣島屋	大町	11：00〜23：00
	15	みやこ食堂	中妻町	
	16	佐々木食堂	平田	昼のみ
	17	富乃家	鵜住居町	

注：この他にも10店前後がある模様。なお廣島屋の現在の店名は「葡萄小屋の青年達」。

結婚後、戦後の一九四八（昭和二三）年に仙台に移り、独学で中華料理店を開店させた。その後、朝鮮戦争特需に沸く釜石に移り住んだ。以来、一九九五年の六九歳の時に亡くなられるまで四〇年以上にわたり、釜石ラーメンの原形と呼ばれるカタチを作り上げ、それを受け継いできたのが、兄・優度《まさのぶ》氏、弟・智晶《ともあき》氏とともに息子たち三兄弟なの

写真5—2　釜石ラーメンの基本形（新華園）

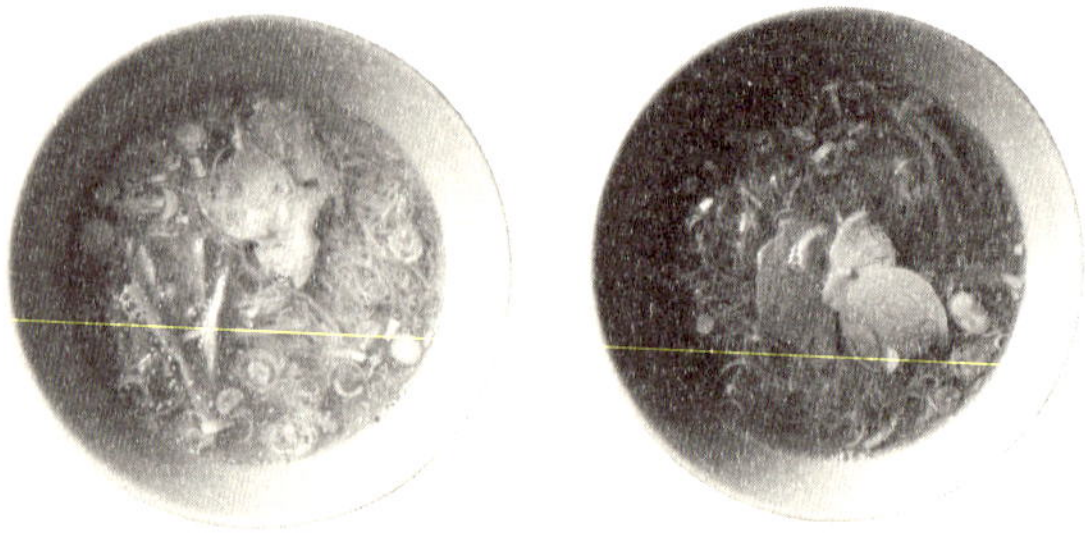

左が塩ラーメン、右が醤油ラーメン（同店HPより）

である。

現在、主に麺づくりを担当する公滋氏[6]によると、麺切刃は二四番手で、撹拌から圧力、寝かし、カット等の工程を一人でこなしている。またスープは豚骨ベースで、豚の拳骨、豚足、昆布、煮干、たまねぎ等が入っており、透きとおる軽やかながらコクがある味わいを守り続けている。これが、市民の多くが釜石ラーメンの元祖と語る基本形なのである（**写真5—2**）。今後は、現在の職人技で作っている麺の技術を新支店等で工場生産化しつつ、次世代職人の育成も本格的に開始するという。

ところで番手とは、一寸（約三・〇三センチ）から取れる麺の本数を表す単位であり、計算すると二四番手は約一・三ミリということになる。この細さは一般的にはそうめんに匹敵し、ラーメン業界では博多ラーメンが代表格だが、釜石ラーメンは独特な縮れ具合が特徴でもある。もちろん食感や味の追求、スープとの相性などが勘案された麺の太さは好みが分かれるところだが、別な観点から見ると、極細めんは茹で時間が短くて済むことが利点である一方、提供してからスープ内で麺が早く延びてしまうのが欠点でもある。

振り返ってみると、新華園は開店五年後の一九五六年に旧第一劇場映画館の向い（現在の支店）にお店を移転したのだが、当時は市内に六館の映画館もあり、新店は上映時間に合わせて昼夜問わず賑わいを増していった。先代夫妻の工夫により進化した特徴ある麺は、美味しさの追求はもちろんのこと、スープに入れた後の固さや延び加減も考慮され、北京鍋で三〇秒で茹で上げられるというカタチになっていったのである。つまり、映画の時間待ち客や、家路を急ぐお客を待たせない利点も兼ね備えていたことが、当時の繁盛を加速させていったのかもしれない。

さらには、古くから漁港が栄え、多少せっかちだが羽振りの良い漁師たちが闊歩していた繁華街では、この「待たせないラーメン」が知らず知らずのうちに浸透していったという説を唱える人もいるようだ。このように、釜石ラーメン文化の成り立ちと進化は、麺やスープそのもののカタチだけに頼るのではなく、提供する側の茹で加減までも配慮する姿勢や、食べる側の気性や好み等を総合した地元の人びとに合ったラーメンの「提供方法の確立」とも言えるだろう。

「あゆとく」のこだわりと古き良き時代

釜石ラーメン文化のもう一つの特徴が、中華専門店に限らず、一般食堂系でも自家製麺を提供していることである。その代表的な食堂「あゆとく」は、紙芝居を生業にしていた先代が栃木県から戦前に仙台を経由して釜石に移り住んできて営み始めた。きっかけは、戦後の米軍からの救援物資である小麦粉が配給されたことであり、うどん・そばづくりから始めたようである。

昭和三〇年前後（二〇歳の頃）からお店を手伝い始めた現二代目店主である鮎田勝弘氏（一九三六年生まれ、七二歳）によれば、「賑わいのあった昭和三〇年代頃は、店の周辺にはハモニカ長屋（六間長屋）と呼ばれる製鐵所の社宅が多く、従業員が昼休みに食べに来たり、二〇日の給料日には出前も多く、当時で一杯三〇～五〇円のラーメンを家族みんなで食べるのが贅沢な楽しみだった」と語る。つまり、製鐵所が栄えることが釜石のラーメン文化の発展に寄与してきたと言ってもよい。

同店の特徴は、麺はかん水を使わない無添加無着色で、パーマ機を使わない縮れ、そして麺切刃は三〇番手（現在は二六番手、**写真5―3**）という超極細のこだわり度合いである。またスープは豚骨・鶏がら・海草類をベースに仕込まれた醤油味である。「帰省客や常連さんから玉だけをお持ち帰りしたいという声が増えており、今後は冷凍生麺などの技法を使いながらお土産品、持ち帰り品を増やしていきたい」と勝弘氏は語る。そしてその味や製法は、都心で洋食を学んできて帰ってきた三代目である鮎田健氏（四三歳）にも、しっかり受け継がれており、

写真5―3　「あゆとく」の超極細の麺と切刃26番手

写真5―4　ワインとの相性が抜群なトマトラーメン（旧・廣島屋）

さらに進化させたこだわり食堂を目指しているという。

屋台から始まった「廣島屋」が重ねる工夫

リストランテ「葡萄小屋の青年達」の店主である石田勝巳氏は一九五二年生まれの五六歳である。そして彼が生まれる三年前の一九四九年に先代が開いた食堂「廣島屋」が現在の店の原形であり、もともとはラーメン屋台から始まった。前述の新華園と同様に、旧第一劇場映画館の近くに立地しており、当時からの場所に現在の店もある。勝巳氏によれば、先代は広島市内出身で兄弟姉妹が一〇人以上もいる大家族で、旅館や飲食店、寿司屋、干物店などを経営する家系だったが、姉が遠野に嫁いだ縁もあり、戦後に釜石に来た。

廣島屋の歴史は工夫の連続であった。一九六五年頃には、札幌から広まってきた「味の三平」の味噌ラーメンの普及講習会に参加して、市内で初めて味噌ラーメンを提供したり、その後もラーメンに漬物が添えられたり、カツ丼が評判になったり、一九九一～九二年頃には大阪の百貨店で開催された岩手物産展に「釜石ラーメン」として既に出展したり、塩辛どんぶりを提供したり、と話題が尽きない。そして現在は店名を変え、ワイン（葡萄酒）にこだわった店作りをしている。ちなみに筆者が訪れた際には、ワインを飲みながら「トマトラーメン」を堪能させて頂いたが絶妙なコンビネーションであった（写真5―4）。

もちろん標準的な醤油ラーメンや塩ラーメンもあり、これらの約六〇年にわたる麺づくりは、製麺所との共同開発を重ねてきており、現在の麺タイプが五代目である。特に工夫している点は、コシとパーマ（ちぢれ）の付け方であり、食べていても延びない、常にシコシコ感のある、色の綺麗さにもこだわっている。以前は極細めんの時代もあったようだが、現在は細めんのトラディショナルなタイプに落ち着いた、と勝巳氏は自信を持って語っている。

三　ご当地化は二〇〇六年から始動、一進一退が続く

ご当地化とは、まさにその土地の人びとに長きにわたって愛され続けた歴史ある文化情報を一元化して、広く域内外に発信する活動を開始することと言ってもよい。つまり、地域の人びとの誇りを守り続けながらも、如何に広く多くの人に知らしめていくか（ファンを増やすか）という地域ブランド化のプロセスでもある。

やっぱり「釜石ラーメン」でいこう！

もともと三陸海岸では昭和四〇～五〇年代の国道四五号線の開通により観光地化が進み、釜石・大槌地方でも、豊富な海の幸を使った海鮮丼や、地元で多く採れるシュウリ（ムール貝）で出汁を取った「磯ラーメン」を提供するドライブインが密かな人気を博していた。また、最近では「チョウザメラーメン」や、二〇〇一年頃から取り組み始めた「潮騒ラーメン」等、新・ラーメン開発が続いてきた。これらは全て観光客向けに特別に作られたメニューであるが、よそ向きの顔ということもあり、結局は長続きしていない。つまり新しく作り上げるものはご当地ラーメンではないのであろう。

その観点からすれば、二〇〇六年にまとめられた釜石観光振興ビジョン案(7)でハッキリと方針が掲げられている「釜石ラーメン」を観光資源として定着させる方策こそが、ご当地化の取り組みと言えるだろう。二〇〇六年春の味覚祭りでは「釜石ラーメン屋台村」がスタートして五店が出店している。まさに二〇〇六年が釜石ラーメンのご当地化元年と言ってもよく、市民の評判も悪くはないが、その歩みは未だ一進一退のようだ。

行商から始まった「川喜」の市外発信力

二〇〇六年の屋台村への出店者でもある製麺業者の㈱川喜《かわき》の川端實社長（一九四七年生ま

れ）は、釜石ラーメンのご当地化を積極的に推進している一人である。実は、同社も長い年月をかけて釜石ラーメンと共に歩んできた歴史を重ねている。

實社長によれば、戦後の一九四九年に市内浜町で、先代である母がうどん・そば・ラーメンづくりの内職を始め、リヤカーで行商して歩いていたのが川喜製麺所の創業であり、当時の父はまだ東北電力に勤務していたという。その後、夫婦で細々と続けていた家業は市内製麺業者の中でも最も規模が小さかった。そろそろ辞めようと考えていた矢先の一九七〇年、大学を卒業して戻ってきたのが次男の實氏であった。そこから行商を引き継いで、市内の団地めぐりを開始、朝に茹でた生うどんは当時人気で、一六～二〇円／玉で一日当たり一～二万円は売っていた。そして常連の主婦の方々が口コミでスーパーに交渉してくれて、市内小売店からの注文も増え、工場移転、法人化、現在の工場建設と成長していった。

写真5—5 「川喜」の川端實社長

その後、一九八七年頃から東京市場開拓が始まり、小売店での実演試食販売や通信販売業者との取引が拡大していった。ところが、

写真5―6　川喜の岩手・釜石ラーメン

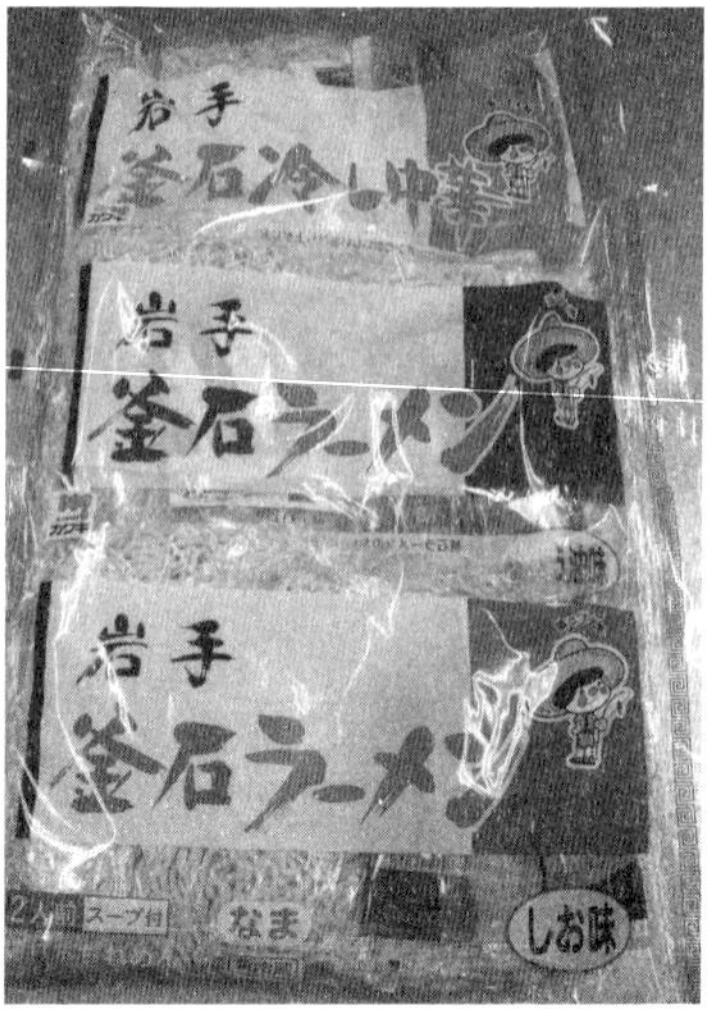

小売店からの要望で、添加物を使わない麺、化学調味料を使わないスープを使った「イーハトーブにまかせて」シリーズを発売した一九九二年頃から売上が急降下していった。「健康を重視した商品だったが、消費者の反応が鈍く、時代を先取り過ぎたのかもしれない」と語る實社長は、一九九六年頃は経営危機に直面する。その危機を救ったのが一人の消費者による通販会社への投書であった。そこから反転し、「健康ラーメン」として一気に人気を博していった。一九九八年には、南部手打ちうどんがTV番組「どっちの料理ショウ」にも取り上げられ、首都圏での取引は拡大の一途を歩んできた。現在、売上の約七割が首都圏であるが、三代目となる学氏（長男）と力氏（次男）の入社で経営基盤を固めていきながら、釜石駅前にあるサンフィッシュ市場内にアンテナショップとして「喜庵」も開店させている。

他方、市内中華専門店からの製麺請負や共同開発なども手掛けており、釜石ラーメンの原点を一緒に作り上げてきたという自負もある。實氏曰く、「地元で作った麺、地元の海産物で取ったスープ、地元の仙人秘水を使う、といった釜石独自のレシピを考えながら釜石ラーメンのファンを増やしたい」という想いが強い。「二年前に米沢を訪れ、ご当地化の方法論を学び、市内関係者に呼びかけ始めたが、時期的に潮騒ラーメンづくりとも重なり進まなかった。また、統一したルールを作りすぎると、お互いの商売特徴を活かせなくなるデメリットが目立ってしまった」と、一朝一夕では成立しないご当地化の苦労話を語る。

そこで、まずは自社で先駆的に対外的な情報発信をしようと、このほど新開発したのが、ずばり「岩手・釜石ラーメン」である（写真5－6）。前述の通り、同社は売上の七割を首都圏小売店や通販業者が占めるため、釜石ラーメンを都心に広めるルートを持っている強みがある。さらには、二〇〇八年九月二〇～二一日に秋田県横手市で開催された「B級ご当地グルメの祭典inよこて」(8)に出店して、北東北での認知度向上も図り始めている。

四　釜石流のご当地化に向けた未来への条件

このように、まだまだご当地化の完成とは言えない釜石ラーメンではあるが、二年以上前から動き出したことだけは確かである。そして、そのご当地化プロセスも、標準的なルールづくり先行ではなく、各店・各社とも、市外への発信、お土産品開発、お持ち帰り、世代承継などがキーワードになってきており、個々が出来ることから取り組み始め、結果としてそれらが融合していく熟成具合があってもよいだろう。さらには、今回の報告そのものも、地元にとっての一つの「きっかけ」になることも期待していきたい。

よそ者どうしから地元っ子が重なり合う六〇年の歴史

これまで見てきた通り、釜石ラーメンに関係する人びととの共通項は、まさに町の戦後六〇年の歴史そのものでもある。各店の創業は朝鮮戦争特需を前後した一九四九年頃が多く、全国各地からアイアン・ラッシュを目指して集まってきた人びとの流れとも合致する。言い換えるならば、釜石ラーメンを築き上げた先代たちの多くは、いわゆる「よそ者」であり、また多くのお客も「よそ者」だったのである。だからこそ、この土地のニーズに対応しながらも、頑なに自己流を守ってきた訳で、「釜石ラーメンは、一匹狼の店主たちがお互いに切磋琢磨して作り上げてきた伝統でもある」という見解は興味深い。

さらに今回お話をうかがった二代目の諸氏は、概ね六〇歳前後の釜石で生まれ育った方々が多い。お店の歴史イコール自分の人生でもあり、幼少期に釜石全盛期を体験し、一度は学生時代に地元を離れ、そして先代の意を継ぐために帰郷してきたという共通項がある。もちろん、決して先代からの伝統を守ってきただけではなく、時代のカタチに合わせ挑戦し、変化してきたことも忘れてはならない。彼ら世代の意識の中には、「よそ者」の先代たちから、地元育ちの「釜石っ子」へ転換しつつ、町の活気が薄れていく中で必死に古き良き釜石を取り戻そうとしてきたことも共通項としてある。しかしながら、これまで釜石ラーメンがご当地化してこなかったのは、寂しさを増す地元文化や商売そのものを守るので精一杯だったという側面も否めないのであろう。

二代目世代の使命、三代目世代の行動

そして六〇年にわたり守り続けられ、広義な意味での釜石ラーメンを提供するお店が三〇店前後残ったのだが、お店によっては、後継者がいないところもある。では、仮に、釜石ラーメンがご当地化して人気を博し、地域の観光資源化したり、通信販売やお土産品で地域外に売れるようになったりするのならば、二代目世代である現在の店主たちは、弟子を募集してまでも自分の技や味を教えるだろうか。薄れゆく釜石全盛期文化を担う象徴の一つとしての「釜石ラーメン」を後世にも伝えていきたいのだろうか。こんな問いかけに、先代たちはよそ者どうしの一匹狼のプライドが邪魔をした点もあっただろうが、二代目たちは少なくとも地元っ子どうしなのである。あえて今更、述べることではないが、少なくとも釜石ラーメンを伝え残すべき使命を感じている肯定派の店主たちが一同に集まり、今後の方策を協議する機は熟しつつあ

ると感じられる。

他方で、古き良き釜石の活気をリアルには知らない三代目世代たちが三〇～四〇歳代を迎えつつある。「鉄」と「魚」の町から「エコ」と「物流」の町に転換しようとする釜石だが、多くの若者が町を去っていく厳しい現実の中で、地元の若手や中堅世代の人びとは、釜石の将来をどのように組み立てたいのだろうか。町の全盛期を直接的に知らない世代にとっては、昔の町の復活という方策よりは、新たな町の創造の方がしっくりいくのだろうか。昔を懐かしみながら復活を夢見た半世紀よりも、新しい釜石の姿を構築していく勇気も期待したい。

そして、釜石ラーメン六〇年の歴史を一〇〇年まで持っていけるかどうかは三代目たちの行動にかかっているだろう。町の活性化の一つとして釜石ラーメンをどのように捉えていくかは彼等の意思に委ねるしかない。先代、二代目たちとはまた一味違う三代目たちの「新しい思い」の実現に向けて、今回まとめてみた釜石ラーメンの昭和物語の中で出てきたキーワードを活用してもらいたい。全国のご当地化の標準形である統一基準といった形式にとらわれずに、「客を待たせないラーメン」「体に優しいラーメン」「常に進化・挑戦するラーメン」等の中に隠されるヒントから、釜石流の独自の方策を作り上げていくことを期待したい。それが、一匹狼として釜石に来た先代たちの「思い」の継承にも繫がると確信する。

アイアン・ラッシュで沸いた町から、ラーメン・ラッシュで沸く町になる日を期待して。

（1）他にも、酒田ラーメンや山形ラーメン、八戸ラーメンや津軽ラーメン等もご当地化の動きがある。
（2）例えば、米沢ラーメンに関しては、関満博・古川一郎編『「B級グルメ」の地域ブランド戦略』新評論、二〇〇八年、を参照されたい。
（3）一九三四（昭和九）年に日鉄㈱釜石製鐵所が発足、一九五〇年に富士製鉄㈱釜石製鐵所に分割、その後一九七〇年に富士製鉄と八幡製鐵が合併して新日本製鐵㈱となる。
（4）釜石製鐵所から東海製鐵所へ転出した人数は、一九六四年に七四五人、一九六七年に一三五人、それ以降も五二七人と、合計一四〇〇人余り（家族を含めると四〇〇〇人以上）を数える。周辺関係者を含めると延べ一万人位は転出したという見解もあり、このような縁により、愛知県東海市と釜石市は現在姉妹都市関係にある。
（5）現在では自家製麺している専門店や食堂は少なく、自社のレシピで製麺業者に製造依頼していたり、一般麺を使用していたりすることに留意。
（6）麺やスープの作り方の詳細は同店のホームページ（http://www.shinkaen.co.jp/）で紹介されている。
（7）二〇〇六年四月作成。本文は釜石市ホームページ（http://www.city.kamaishi.iwate.jp/koutyou/pc/gaiyou/060517/01.pdf）を参照されたい。
（8）二〇〇九年九月開催予定の第四回B－1グランプリのプレ大会として、青森・秋田・岩手県から計八品目が出展して、北東北No・1を競い合った。二日間で二万人以上が来場し、優勝は地元「横手やきそば」だった。なお、B－1グランプリに関しては、関・古川編、前掲書などを参照されたい。

第6章　八王子ラーメン／首都圏郊外都市の取り組み

立川寛之

東京近郊における「ご当地ラーメン」といえば、「東京ラーメン」があげられる。東京ラーメンは明治時代から親しまれ[1]、醤油味のスープに縮れ麺が泳ぎ、メンマ、チャーシューなどが添えられたどこか懐かしさを感じるスタイルは、醤油ラーメンの代名詞とも言える。このように東京ラーメンという強力な存在がある中、都内でご当地ラーメンとして新たに名乗りを上げようとしているのが「八王子ラーメン」である。現在、八王子では市民主体の興味深い取り組みが始まっている。本章では、首都圏域における取り組みの一例として、八王子ラーメンのブランド化に向けた動きを紹介する。

一　ラーメンのまち八王子

東京都・多摩地域の西部に位置する八王子市は、人口五四万人を擁する多摩地域最大の都市である。都心から電車で約四〇分程度の距離にあり、ＪＲ（中央線、横浜線、八高線）と京王線が乗り入れ、国道二〇号、一六号が交差するなど交通の要衝であり、その都心へのアクセスの良さから、ベッドタウンとして人口が急増してきた都市である。

この八王子市は、かつて「織物のまち」として栄えていた歴史があったが、その織物産業も昭和四五年をピークに、生活様式の洋風化に伴い衰退していく。だが、現在は、織物のまちとして栄えた「モノづくり」のＤＮＡは、精密機械、電子部品製造業へと引き継がれ、多摩地域で事業所数第一位、製造品出荷額で第三位と有数の「モノづくりのまち」となっている。[2]

観光都市八王子を目指して

八王子市は二〇〇三年に産業振興マスタープラン[3]を策定、モノづくり産業、商業、物流系産業、農業、観光産業を重点産業と位置づけ、様々な取り組みを展開している。特に、モノづくりの分野では、サイバーシルクロード八王子[4]など特色のある事業を展開してきた。しかし、注目すべきは、「モノづくりのまち」八王子というイメージが形成されている中、観光産業を重点産業として明確に位置づけたことであろう。

八王子市には毎年二五〇万人もの登山客で賑わう高尾山という優れた観光資源があり、首都圏にありながら観光地としてのポテンシャルは極めて高い。その高尾山は、地道な観光産業振興の成果もあり、二〇〇七年にはミシュランの旅行ガイド「ミシュラン・ボワイヤジェ・プラティック・ジャポン」において三つ星を獲得、その観光地としての地位を確固たるものとした。また、同年オープンした都内初の道の駅「八王子滝山」も、当初予測三倍の約一〇億円もの売上げ、約一三〇万人もの集客を記録し、観光産業振興の取り組みを後押ししている。しかしながら、昨今各地で「食によるまちおこし」のムーブメントが活発化している中、観光都市八王子として、レジャー活動と密接な関わりのある「食」のブランド化は、次なる課題といえよう。

都内有数のラーメン激戦区八王子

あまり知られていないが、八王子市は東京都内でも有数のラーメン激戦区である。これを裏づけるデータとして、都内の「ラーメン店」のタウンページ掲載件数をまとめたものが表6−1である。繁華街を抱える地域が軒並み上位に名を連ねる中、八王子市は一七七軒で堂々の第四位となっている。多摩地域に限定すると、第二位の町田市の実に二倍近い軒数となっている。主要な麺類であるそば、うどん、ラーメンの三分野の店舗数を、同様にタウンページ掲載件数で比較したものが表6−2である。ラーメン店掲載数の上位五地域で比較したものだが、ラーメン店が多い地域では他の麺類も同様に店舗数が多いが、八王子市ではそば、うどんと比較して、ラーメン店が特に多い。単に人口規模に比例して麺類の店舗が多いのではなく、とりわけラーメン店が多く出店している地域であることを示している。この要因として、まず八王子市を縦断する国道一六号の存在があげられる。神奈川県中央から埼玉県へと流れる国道一六号は、平日一二時間交通量が約三万台[5]と交通量が多く、沿道にラーメン店が立地する傾向にある。次に、全国有数の学園都市であることも影響している。二一の大学が立地する八王子では、そこで学ぶ学生は約一一万六〇〇〇人と言われている。その結果、学生に人気の食であるラーメン店が多く出店しているのではないかと考えられる。このラーメン激戦区八王子にあって、約五〇年もの間その存在感を維持し続ける地元発のラーメン、それが「八王子ラーメン」なのである。

表6—1　東京都内ラーメン店軒数（上位20自治体）

順位	自治体名	店舗数	順位	自治体名	店舗数
1	新宿区	227	11	板橋区	142
2	足立区	198	12	江東区	133
3	大田区	180	13	台東区	130
4	八王子市	177	14	品川区	130
5	世田谷区	174	15	渋谷区	128
6	港区	169	16	葛飾区	122
7	杉並区	155	17	中央区	115
8	千代田区	154	18	北区	99
9	江戸川区	153	19	墨田区	98
10	豊島区	150	20	町田市	98

表6—2　都内ラーメン店軒数上位5自治体の麺類店舗数比較

区・市	ラーメン店 掲載件数（割合）	そば店 掲載件数（割合）	うどん店 掲載件数（割合）	掲載件数 合　計
新宿区	227（38.6%）	190（32.3%）	171（29.1%）	588
足立区	198（33.2%）	204（34.2%）	194（32.6%）	596
大田区	180（32.0%）	205（36.5%）	177（31.5%）	562
八王子市	177（42.7%）	126（30.4%）	112（27.0%）	415
世田谷区	174（31.1%）	201（36.0%）	184（32.9%）	559

資料：表6—1、6—2ともに、NTT番号情報株式会社提供の「ｉタウンページ」（平成20年9月末現在）における「ラーメン店」の件数を基に筆者作成。

二　八王子ラーメンとは

八王子ラーメンとは、醤油味のスープに、ストレートの細麺、そして刻み玉ねぎ、チャーシュー、メンマ、海苔が添えられるというのが基本的なスタイルである。醤油味のスープは、一見東京ラーメンの流れを汲んでいるように思えるが、それよりもスープの色が濃く、縮れ麺を使用しない点も異なっている。

この八王子ラーメンの特徴を端的に表現しているのが、八王子ラーメンを活かしたまちおこしを目指して市民有志により設立された「八麺会」（後述）である。八麺会の公式ホームページ(6)によれば、次のような特徴を掲げている。

① 醤油ベースのタレ。
② 表面を油が覆っている。
③ 刻み玉ねぎが具として用いられている。

この三条件を兼ね備えたラーメンを「八王子ラーメン」と定義づけているのである。中でも特徴的な条件は、刻み玉ねぎを具として用いている点であろう。後に述べるが、実はこの三つの条件は、刻み玉ねぎを具として使用することにこだわった結果、いずれも欠くことの出来ないものなのである。

これらの条件は八王子ラーメンを定義づける際立った特徴であるが、他にも特筆すべき点がある。八王子ラーメンを提供する店舗を取材すると、多くの店主が「ワンコイン」に対するこだわりを持っている。つまり、基本となるラーメンを五〇〇円以内で提供するということである。特に都心部のラーメン店では一〇〇〇円近いラーメンを提供する店舗が多い。しかし、八王子ラーメンは気軽に食べられる価格設定をしている。さらに、店舗に足を踏み入れると、その客層の広さに驚かされる。価格もさることながら、八王子ラーメンの優しい味、飽きの来ない味が、とかく若者の食というイメージの強いラーメンでありながら、老若男女と広い客層に支持される理由であろう。

写真6—1 「初富士」の八王子ラーメン

八王子ラーメン誕生秘話

八王子ラーメンの元祖については諸説あるようだが、八王子市子安町（後に中野上町に移転）に立地していた

「初富士」であるという説が有力とされている。この初富士により、八王子ラーメンのスタイルが確立されたのは一九六二年とされている。

ここで、八王子ラーメンの語り部として、尾張屋滝井製麺所の滝井延二郎氏（一九三八年生まれ）に登場していただく。滝井氏は、初富士の先代大川正二氏（一九二四年〜八九年）が、八王子ラーメンを開発する際に側面から支えた存在であり、今となってはその当時を知る貴重な人物である。

初富士の前身は、同市北野駅前で営業していた立ち食いそば屋であった。麺を納めていた滝井氏と大川氏は、その頃からの付き合いである。その後、北野駅前の再開発に伴い、同市子安町に移転を余儀なくされる。立地条件の悪い場所への移転に際し、大川氏は当時としては珍しい「ラーメン専門店」へと業種転換を図ることにした。当時、ラーメンは、中華料理店のメニューの一つという位置づけで、出前が中心であった。そのような時代に、ラーメン専門店として、しかも出前は一切行わないというスタイルは、周囲からは成功するはずが無いと冷ややかな眼で見られていた。

そこで、大川氏は、お客様にわざわざ足を運んでもらうためには、魅力的なラーメンを提供する以外にないという結論に達し、試行錯誤を重ねていった。その頃、大川氏は仲間と共に北海道旅行に出かけた際、偶然、刻み玉ねぎをトッピングしたラーメンと出会う。ところが、玉ねぎの辛味が抑えられず、美味しいと言えるものではなかった。だが、玉ねぎの食感が強烈な印象として残っていた大川氏は、玉ねぎの食感を活かしつつ、辛味を抑えるため日夜研究に励み、ついに刻み玉ねぎを具として添えた八王子ラーメンの原型を完成させた。醤油味のスープ、そして表面のラードとの絶妙なバランスが玉ねぎの辛味を打ち消し、それぞれが調和した完成度の高いものであった。

この醤油味のスープにも秘密がある。滝井製麺所は、「尾張屋」という屋号を使用しているが、これは滝井氏の父がそば屋を営んでいた頃の名残である。滝井氏は、父からそばつゆの作り方などを学んでいた。この滝井氏のアドバイスがヒントとなり、醤油ラーメンの命とも言える醤油タレには様々な工夫が凝らされている。このため、八王子ラーメンは、一見スープの色が濃いのだが、非常にまろやかな味に仕上がっている。また、滝井氏は大川氏が創り上げたスープとの相性を考え、最適な麺を製造した。自宅に深さ一〇〇メートルの井戸を掘り、防腐剤などを一切使わないその麺は、現在でも当時の製法を守り続けている。八王子ラーメンを出す店舗の多くが、「尾張屋の麺」を使っていることからも、麺とスープの相性の良さがうかがえる。

こうして産まれた八王子ラーメンは今や約四〇店舗で提供され、八王子ラーメンの特徴を守りつつも独自の進化を遂げている。その地域的な広がりを見ると、東は武蔵野市、南は相模原市、そして北は青梅市に八王子ラーメン店が見受けられる。このような他地域では数店舗の報告しか無く、大多数が八王子市内に立地しており、八王子ラーメンは限定的な地域でしか食べることの出来ない、まさにご当地ラーメンなのである。

伝統を受け継ぐ者／二代目初富士　大川政廣氏

現在、八王子ラーメンの元祖「初富士」は、二代目の大川政廣氏（一九四八年生まれ）が、その味を受け継いでいる。八王子市中野上町の住宅街の一角に店舗があり、決して立地が良いとは言えないが、先代からの愛好者をはじめ多くの客が訪れる。

大川政廣氏が初富士を継いだのは、一九八八年。大川政廣氏は定食屋勤務を経て、クレーン・オペレーターとして東京都板橋区で働いていたが、先代の大川正二氏が体調を崩してしまったことで、八王子に戻った。店を継ぐつもりは無かったのだが、生活の拠点を八王子に移す際に転職を余儀なくされたこともあるが、何より多くの常連客のことを思い、初富士の味を受け継ぐ決意をしたのであった。

その頃、正二氏の体調はすこぶる悪くなっており、一緒に厨房に立って教えてもらったのは二カ月程度であった。しかし、職人気質の正二氏は入院してもなお、頻繁に病院を抜け出して来ては政廣氏にアドバイスを与えてくれた。政廣氏は、「親父が後ろに立っていてくれただけで心強かった」と当時を語る。翌年、正二氏は他界してしまうが、以来、政廣氏は必死になって初富士の味を守り続けている。

初富士のラーメンは、メンマ、チャーシュー、なると、海苔、そして刻み玉ねぎが添えられる。メンマは、先代から「手裂きメンマ」にこだわっている。メンマを裂く作業は手間が掛かるもので、夫人と共に夜な夜な裂いている。手裂きメンマゆえの柔らかな食感は絶品である。そして、八王子ラーメンの最大の特徴である刻み玉ねぎは、フードプロセッサーは使わず、二丁の包丁を巧みに操り刻んでいる。これも、季節により刻み加減を調整するなど、極めて繊細な作業である。

写真6—2　初富士の店舗

政廣氏が二代目として最もこだわっていることは、「先代の味を忠実に残すこと」。しかし、初富士を継いでから二〇年が経ち、当時とは食材の質が微妙に変わっている。そのため、全く同じ仕込み方では、当時の味が再現出来ない。また、先代からの客は、子の世代、そして孫の世代と三世代にわたって贔屓にしてくれている。高

齢の方も多く、同じ味でも感じ方が変わってくる。政廣氏は食材との対話、お客様との対話を重視し、先代の味を守りつつも進化した八王子ラーメンを提供し続けている。

新たな担い手／醤油らぁめんやまもと　黒田祐司氏

二〇〇八年三月、八王子市初沢町に八王子ラーメンの新規店が開店した。「醤油らぁめんやまもと」の黒田裕司氏（一九五一年生まれ）である。黒田氏は、元々、そば屋であった店舗を改装し、ラーメン店を開店。現時点で最も新しい八王子ラーメン店である。

黒田氏は、八王子出身。若い頃からラーメン好きが嵩じ、ラーメンの食べ歩きを楽しんでいたが、いつしか自分でラーメン店を開店したいという思いが芽生えるようになった。醤油、豚骨、味噌など様々な種類のラーメンを食べたが、自分で始めるなら昔から愛着のある八王子ラーメンと決めていた。研究熱心な黒田氏は、客として初富士をはじめ八王子ラーメン店に通いながら、独自にスープを作り上げた。また、麺は尾張屋の麺と心に決めており、それがきっかけで先の滝井氏と出会う。滝井氏からアドバイスを受けながら、麺との相性の良いスープへと完成度を高めていったのである。

約四〇店舗ある八王子ラーメン店の中で個性を発揮するため、黒田氏は醤油ラーメンの命ともいえる「醤油」にこだわっている。様々な醤油メーカーの醤油を吟味した中で、最終的に東京都あきる野市にある近藤醸造の「キッコーゴ醤油」に決めた。昔ながらの手造りによる無添加の醤油であるキッコーゴ醤油を基に、さらに一手間掛けることでまろやかな味の醤油タレに仕上げている。

初富士が創り上げた原点の味を基に、こうした新たな担い手達がさらなる工夫を加え、新たな歴史を作り上げている。また、最近では八王子ラーメン系のつけ麺で人気を博す店舗も登場している。醤油らぁめんやまもとも、つけ麺をラインナップに加えている。このように、八王子ラーメンの特徴を出しつつ、互いに切磋琢磨しているからこそ、限定的なエリアの中で、約四〇ものラーメン店が共存出来ているのであろう。

三　八王子ラーメンを全国区に

八王子市では、産業振興マスタープランの個別計画として『観光産業振興プラン』(7)を策定している。二〇〇七年には、これを見直し、新たに「八王子『食』のブランドづくり」をアクションプランとして掲げている。

「八麺会」の取組み

こうした中、市民有志による興味深い活動が展開されている。東京工科大学（八王子市片倉町）の千種康民准教授（一九五九年生まれ）を先頭に、学生、そして市の職員有志により二〇〇三年に発足した「八麺会」の活動である。千種准教授は一九九〇年に現職に就いて以来、教鞭を取る傍ら積極的に市民活動を行ってきた。特に市民と学生の協働によるプロジェクトに強い思い入れがあり、八麺会も活動は地域活性化に寄与するだけでなく、広く学生の参画が期待出来る活動としてとらえている。

設立メンバーは、日頃食べ慣れている八王子ラーメンが、実は極めて特徴的なものなのではないかと感じ、市民レベルで八王子ラーメンの魅力を発信しようと考えた。彼らの活動のコンセプトは、「八王子ラーメンという地域資源を活用して、シティセールスにつなげること」である。そのため、ラーメン愛好家向けにラーメン店の格づけを行うといったことは一切せず、個々の店舗の個性を客観的に発信することを通じて八王子ラーメンというブランドの認知度を高めていくことに力点を置いてきた。

八麺会は情報発信を行うにあたり一店一店自らの足で訪問し、店主のインタビューを敢行。これらの情報をＷＥＢと紙媒体を活用して発信することとし、まず紙媒体として「八王子らーめんＭＡＰ」を作成した。マップにはメニュー、定休日、アクセス方法など店舗情報を掲載し、他方、インタビューから得られた厚みのある情報は、WEBを通じて発信するなど、各媒体を補完的に活用したのである。

八王子らーめんMAPの初版は二〇〇五年四月に発行され、翌年には掲載店舗数を増やし第二版として発行されている。それぞれ二万部発行し、公共施設、八王子観光協会、掲載店舗等にて無料配布した。これと同時に、八麺会は公式ホームページを公開している。ホームページには先述のとおりマップには無い要素として、各店舗の取材記事、八王子ラーメンの歴史、さらに実験的にメンバー自ら八王子ラーメン作りにチャレンジした様子が掲載されるなど、マップの情報と併せて閲覧することで楽しみが増すよう工夫されている。このホームページの制作、運営は東京工科大学の学生達が担っており、また、イメージキャラクターは多摩美術大学や造形大学の学生が描くなど、八麺会の活動は市民と学生との協働による取り組みとなっている。まさに、二一大学が集積する八王子ならではの取り組みと言えるだろう。

写真6—3　八王子らーめんMAP

この活動は、マスコミ各社に取り上げられ、短期間でマップの在庫が無くなるほどであった。また、公式サイトについては大手検索サイト「YAHOO!JAPAN」のトピックス欄に掲載されたことも手伝い、公開日は七四万アクセス、公開後一カ月間で約二二〇万アクセスをカウントした。その後も、安定して毎日二〇〇から四〇〇件のアクセスがある。B級グルメブームの影響もあろうが、ご当地ラーメンへの関心度の高さを示すと同時に、八王子ラーメンがシティセールスにどれだけ寄与するのか、その可能性を示したともいえる。この八麺会の活動が、短期間でこれだけの成果を収めることが出来たのは、八王子市の市民活動支援策として実施された、「市民企画事業補助金制度」(8)に採択され、当初事業費の一部を補助金で賄うことが出来たことが大きい。

お持ち帰り品への展開/谷津製麺有限会社

先述の八麺会の取り組みは、マップを活用し、地元市民に対して八王子ラーメンという食資源を再発見してもらうこと、さらにWEBサイトを通じて、域外の方への発信により八王子へと誘うことが主眼となっている。今後、八王子ラーメンをご当地ラーメンとして認知させていくためには、次のステップとして家庭の食卓への浸透が重要となる。つまり、お持ち帰り品として八王子ラーメン売り出していくということである。そこで、八王子の製麺会社である谷津製麺有限会社の谷津富高氏（一九四二年生まれ）の取り組みを紹介したい。

八王子市中野上町に立地する谷津製麺は、「加寿美庵」というブランドで高級麺を製造販売している会社である。うどん、そば、焼きそば、ラーメンを製造し、主に百貨店、大手スーパーなどを通じ、全国に商品を販売している。谷津氏は、消費者ニーズを的確に捉え、常に商品開発に余念がない。その結果、今では生麺、茹で麺、調理麺などアイテム数は五〇にも及んでいる。その中で、昨年から新たに商品ラインナップに加わったものが「八王子ラーメン」である。実は数年前にも一度八王子ラーメンの商品化を試みたことがあるが、良質な乾燥刻み玉ねぎが手に入らず断念していた。しかし、ようやく良質な乾燥玉ねぎと出会ったことで、商品化に漕ぎ着けたのである。二〇〇七年に販売開始して以来、今ではスープ付きの麺の中で、一番の売上げとなっている。

この商品は、八王子ラーメン店が監修して開発したものではなく、あくまで谷津製麺のオリジナル商品であるが、八王子ラーメンが家庭の食卓に浸透するための大き

写真6—4　谷津製麺の八王子ラーメン

な一歩といえるだろう。ご当地ラーメン化を目指す時、地域内で認知されるという段階から、域外への浸透が必要であり、このようにお持ち帰り品として伝播していくことは、ブランド化に向けて極めて重要なステップとなろう。

四　八王子ラーメンの可能性と課題

八王子市は、高尾山がミシュランの旅行ガイドによって三ツ星に格付けされるなど、観光地として今まさに追い風がきている。加えて、今後、高尾山の麓一体を「高尾の里」として整備していく方針であり、拠点施設建設を計画するなど、一層高尾山周辺の集客力は増していくものと思われる。

しかしながら、八王子市は約一八六平方キロと、都内としては広大な面積を有しており、高尾山はその西端に位置している。高尾山麓には京王電鉄が乗り入れ、都内からのアクセスの良さも魅力の一つであるが、一方で高尾山に足を運んだ観光客に八王子の街中を回遊してもらうための仕掛けが弱いという課題がある。つまり、都内から高尾山にアクセスし、そのまま都内へとUターンしてしまう傾向にある。

食資源としての可能性

こうした現状を考えると、レジャー活動と密接な関わりのある「食」のブランドを確立し、魅力ある食資源を求めて高尾山から八王子の街中へ誘う戦略が必要となろう。B級グルメの中でもラーメンは最も日常食として浸透しているものであり、ラーメンのためならば少々足を伸ばしてでも食べたいとする人びとは少なくない。その点、八王子市には約五〇年もの歴史を持つ八王子ラーメンが存在しており、今後の取り組み次第で可能性は広がっていくのではないか。

そこで、八王子ラーメンのご当地麺化の可能性について考えてみたい。全国でB級グルメによるまちおこしを展開し、成果を収めている例を見ると、いくつかのポイントがあるようにみえる。まず前提として、一定の集積があるということであろう。その上で、その食資源にまつわるストーリー性、又は際立った特徴があるということである。これらが揃い、効果的なプロモーション活動が展開されれば、訴求力が高まる傾向にある。

他方、八王子ラーメンに目を転ずると、八王子市内で八王子ラーメンを提供する店舗は三四店舗（二〇〇八年一一月現在）である。ラーメン激戦区の八王子市にあって、約二割を占めており集積度は高い。また、刻み玉ねぎをはじめ明確な特徴を持ち、誕生に至るストーリーをも持ち合わせている。このように見てみると八王子ラーメンは、ご当地ラーメンとして十分可能性が備わった食資源といえるだろう。

また、八王子市では、八王子の魅力を「くちコミ」で伝えようと、市民有志が立ち上がり「八王子くちコミ隊[9]」なる組織が二〇〇七年に誕生している。くちコミ隊は、八王子には多くの歴史ある専門店が存在していることに着目し、専門店めぐりツアーなど様々な事業を企画・実行している。このツアーは、参加者本位で真のおもてなしを提供することをコンセプトに、その名のとおり参加者が八王子のファンとなり、くちコミで魅力を伝えてもらうことが狙いである。現在は中心市街地エリアの専門店をめぐるツアーが中心であるが、このくちコミ隊と八麺会との協働により、八王子ラーメンをツアーに組み込むなどの試みが実現されれば、さらにインパクトを与えてくれそうである。

市民、大学、行政が協働し、継続的な取組みへ

ご当地ラーメンとしての要素を十分に備えている八王子ラーメン。この食資源を活かし、今こそ高尾山、道の駅八王子滝山等の観光地と連携させ、地域内へ回遊させることで、地域全体で観光客を受け止めていくという「点から面へ」の仕掛けが望まれる。その点、先述の八麺会の取り組みはその先例として評価出来よう。だが、八麺会の活動にも課題は多い。まず、八麺会は完全なボランティア団体であり、その財政基盤が極めて脆弱である。ラーメンマップの作成には自主財源を確保するため、メンバーのマンパワーにより広告企業を募り発行経費を捻出した。しかしながら、このように企業の善意に頼っている状況では、活動の継続性を担保することは難しい。

次に、ラーメン店との温度差である。八麺会は徹底して現場に赴き、ラーメンマップづくりを行った。しかしながら、八麺会が考える「八王子ラーメンをブランド化し、八王子の魅力を発信することで地域活性化を目指す」というコンセプトが浸透しているとは言い難い。ラーメン店側としては、「お店を紹介してくれる一媒体」の域を脱しておらず、八麺会の活動への関わりは皆無である。

一方、行政としても様々な観光振興施策を展開しているが、「食」のブランドづくりについては、具体的な施策は展開出来ていない。こうしたまちおこしの活動は、行政主導で行うと柔軟かつ自由な発想に欠け、上手くいかない懸念がある。しかし、行政としてこうした市民レベルの活動を側面から支えていくことは必要ではないか。食によるブランド化を目指すとき、その地域にある食資源を洗い出し、これと決めたら徹底的にプロモーションしていくという攻めの姿勢が必要であろう。

八王子ラーメンがご当地ラーメンとしてブランド化していくために必要なことは、地域が一枚岩となって地域のブランドを興していくという姿勢である。筆者は、かつて「食によるまちおこし」をテーマに、一定の成果を収めている宇都宮市、佐野市、太田市などの取り組みを調査するため、当事者のヒアリングを実施した(10)。そこでは、地元を活性化したいという想いの下に、市民、行政、事業者が一体となった活動が展開されていた。各主体がまちおこしという目標を共有し、市民、事業者が主体的に活動を展開し、行政は後方支援を行うという図式が成り立っていたのである。

その点、八王子市において、八王子ラーメンのブランド化に向けた取り組みは、始まったばかりである。この火を絶やさぬためにも、八麺会の活動をはじめ、市民、事業者、行政の協働によるブランドづくりの取り組みを期待したい。

（1）全国ご当地ラーメンについては、新横浜ラーメン博物館ホームページ（http://www.raumen.co.jp/home/）に詳しくまとめられている。
（2）『工業統計調査』二〇〇六年に基づく。
（3）『八王子市産業振興マスタープラン』については、八王子市ホームページ（http://www.city.hachioji.tokyo.jp/sangyo/6611/001821.html）を参照されたい。
（4）サイバーシルクロード八王子については、公式ホームページ（http://www.cyber-silkroad.jp/）を参照されたい。また、関満博著『地域産業の「現場」を行く』第1集、新評論、二〇〇八年、にも詳述されている。
（5）『全国道路・街路交通情勢調査』二〇〇五年度による。
（6）八麺会ホームページ（http://hachimen.org/）。
（7）『八王子市観光産業振興プラン』については、八王子市ホームページ（http://www.city.hachioji.

tokyo.jp/seisaku/keikaku/005288.html）を参照されたい。

（8）八王子市市民企画事業補助金については、八王子市ホームページ（http://www.city.hachioji.tokyo.jp/shiminkatudo/shiminkikaku/index.html）を参照されたい。

（9）八王子くちコミ隊については、公式ホームページ（http://www.kuchikomi802.com/）を参照されたい。

（10）他地域の「食」によるまちおこしについて、立川寛之・服部真治「『食』によるまちおこし事例研究——都市型観光の地域ブランド化戦略」（『まちづくり研究はちおうじ』第三号、二〇〇六年）としてまとめてある。

第7章　笠岡ラーメン
／記憶の味を復活させた「まちおこし」

松永桂子

岡山県最西部の笠岡市周辺には、一風変わったラーメンが存在する。鶏がらをふんだんに使ったスープ、チャーシューの代わりに「煮鶏」が乗っている醤油系ラーメン。笠岡周辺では、戦前からこうしたラーメンが親しまれてきた。もともとこの地域では養鶏が盛んであり、スープも肉も全て鶏というラーメンこそが市民の味であったという。

この「笠岡ラーメン」を核にした「まちおこし」が興味深い動きを見せている。昔の町の賑わいに一躍果たしてきた笠岡ラーメンを復活させ、イベントを次々に仕掛けていったキーマンたちに着目しながら、笠岡ラーメンのご当地ラーメン化に向けた動きを見ていくことにしたい。

一　懐かしの味の復活「屋台プロジェクト」

古くから、笠岡周辺では養鶏が盛んであった。今でも、商店街には鶏肉だけを扱う「かしわ専門店」がいくつかあり、郊外に出れば卵の自動販売機を多く見かける。鶏をベースにした食文化が発達し、笠岡にあるほとんどのラーメン店では鶏がらをふんだんに使ったスープ、肉はチャーシューではなく煮鶏が使われている。

この笠岡ラーメンの原型を作ったのが、かつて笠岡駅前に存在した「斉藤」という店であった。戦前からの営業で、笠岡の歴史と共に歩んできたラーメン店である。昭和三〇年代の映画隆盛期には、映画館で斉藤のラーメンを食べながら映画を観るのが笠岡では一般的であったといわれている。市民に親しまれてきた斉藤が笠岡駅前の区画整理にあい、店主が高齢だったこともあり、一九九八年に惜しまれつつ閉店した。

この斉藤の味に子どもの頃から親しんできた有志たちによって、記憶の味を復活させる動きが始まる。それは二〇〇二年のことであったが、その時にはまだご当地ラーメンとしての「笠岡ラーメン」という呼び名は一般化しておらず、笠岡で親しまれていた鶏のラーメンは「笠岡の中華そば」にすぎなかったのである。

商工会議所青年部によるラーメン販売

斉藤の味を復活させ、笠岡の鶏ラーメンを発信しようと立ち上がったのが笠岡商工会議所青年部のメンバーたちであった。その中心となったのが、「味々亭」店主の奥村弘良氏（一九六五年生まれ）と、割烹料理店「お多津」店主の羽原利彦氏（一九五八年生まれ）である。

写真7—1　「味々亭」奥村広良氏（左）と「お多津」羽原利彦氏（右から2人目）

彼らが子どもの頃から親しんできた斉藤の味を記憶だけを頼りに再現していった。当時の中華そばの味を求めて、お多津の厨房で試行錯誤をしながら、彼ら独特の味を作り上げていく。出来上がったラーメンを笠岡ラーメンとしてイベントなどで販売し、笠岡の明るい話題作りに展開させていくことが彼らの本来の目的であった。

まず、二〇〇三年四月、「笠岡さくら祭り」に試験的に出店。青年部からは二〇人ほどが集結した。ラーメン作りの経験者は奥村氏と羽原氏のみであったが、他メンバーもラーメン屋を演じることに楽しみをおぼえ、青年部が一体となっていく。また、市民からは「懐かしの『斉藤』の味を思い出した」として感激された。一〇〇食を完売したが、それをよしとせず、さらなる味の向上を目指して、味に対するアンケートを実施するなど、研究を重ねていった。

彼らの本番は、同年六月の「ミズノオープン」での出店であった。ミズノオープンは全英オープンへの参加資格をかけた日本予選の最終戦にあたり、笠岡市内の瀬戸内海ゴルフ倶楽部で毎年六月に開催される。そこでのイベントの一つとして、全国から多数集まるギャラリーを相手に笠岡市のＰＲを目指して笠岡ラーメンを販売したのであった。一日限定一〇〇食ということもあり、行列ができるほどの盛況ぶりとなった。四日間で五〇〇食を完売。メンバーも笠岡ラーメンのイベント販売に手ごたえを感じていった。その後、夏祭りなどで笠岡ラーメンの販売は定着し、年間七回ほどのペースで出店していくことになる。

「笠岡らーめん屋台プロジェクト」

二〇〇五年度には岡山県の「むらおこし事業等地域活性化事業」として、「笠岡らーめん屋台プロジェクト」が採択され、一歩踏みこんだ動きへと展開していく。笠岡ラーメンをご当地ラーメンとして売り出すために、本格的な屋台を製作。青年部のメンバーに建設業者がおり、彼の指導の下で屋台を作り上げた。そして、イベントではテントから屋台販売へと切り替えていった。

さらに、興味深いのは、人材育成機能を屋台に持たせたことである。熱意ある経営希望者を募り、ラーメン店主育成事業を実施。店主候補として三人が集まった。奥村氏や羽原氏が指導し、イベントでの屋台販売を通して実践的にノウハウを伝授していった。そして、屋台での販

写真7―2　屋台での販売

写真提供：笠岡商工会議所

売研修を終えた後、三人とも見事に独立創業を果たしたのであった。一人は倉敷でラーメン店を開店。もう一人は隣町でカフェのオーナーとなり、ラーメンをメニューに入れている。残る一人は大変ユニークで、カンボジアに渡りラーメン屋台を引いている。その人は、屋台で販売するだけでなく、カンボジアのストリートチルドレンにラーメンの作り方を教えて、自立できる術を伝授しているというのであった。三人とも笠岡での創業とはならなかったが、笠岡ラーメンの味を引き継ぎ、それぞれの地域で独自の取り組みへと展開させていることが興味深い。

奥村氏は、こうした青年部の活動を振り返り、「まちおこしで大事なのは『束』になること。ご当地ラーメンでうまくいっている地域は、地域の商工業者やラーメン店主たちをまとめあげる人物がいる」と語る。単に屋台でラーメンを販売するだけでなく、商工会議所青年部でまちおこしの意識を共有しながら、新しい仕掛けを企画・実施していったのであった。ラーメンといえば秘伝の味が伝承されるものであり、公には人材育成の場とはなりにくいが、そうした固定概念を排除し、ご当地ラーメンの継承者を増やしていったのであった。

二　まちづくりへの動き「ラーメンマップ」づくり

商工会議所青年部による笠岡ラーメンのブランド化に向けた取り組みは、イベントでの出店、屋台プロジェクト、店主育成から、さらに踏み込んだ動きへと広がっていく。笠岡商工会議所青年部が二〇〇六年に設立一〇周年を迎えたこともあり、新たな企画を奥村氏らが中心となり立ち上げることになった。「笠岡ラーメンマップ」の作成である。

「笠岡ラーメンマップ」を作る

笠岡商工会議所青年部による「屋台ラーメン」でラーメンを食べたお客にアンケートを取り、笠岡で人気のラーメン店を一〇店選出した。斉藤の味を受け継ぐ「坂本」「一久」「いではら」に加え、新しい世代による奥村氏の味々亭や羽原氏のお多津、笠岡ラーメン人気店である「おっつぁん」などがランクインした。ラーメンマップはフルカラーで三〇〇〇部印刷されたが、瞬く間になくなるほどの反響であった。

ラーメンマップには次のような想いが込められた文章がある。

「笠岡には鶏を使った独特の食文化があります。
玉紐や鳥モツ、しわいの親鳥の肉がたっぷり入ったすき焼き
そして、鶏ガラのあっさりしたスープに
噛めばかむほど味が出てくる煮鶏がのった中華そば
それを毎回食べに行くのが楽しみだった土曜夜市のにぎわい
何とかもう一度味わいたくてみんなでラーメン屋台をつくりました。
そこには人と人とのふれあいがありました。
記憶の中に微かに残った味や舌触りがどんどん大きく膨らんで
みんなの会話とお酒が弾みました。
〝笠岡の中華そば〟それは私たちの宝ものです」

昔ながらの味の再現に始まった笠岡ラーメンプロジェクトは、地域の誇りとして発信されるまでになったのであった。

ラーメンマップの最大の効果は、新しい世代による笠岡ラーメンが、老舗のラーメン店と融合を図り、ご当地ラーメンの地「笠岡」として一体化した動きになったことであろう。それまでは、斉藤の味を受け継ぐ老舗の店主たちは、商工会議所青年部の動きを冷ややかに見ていた

図7—1　笠岡ラーメンマップ

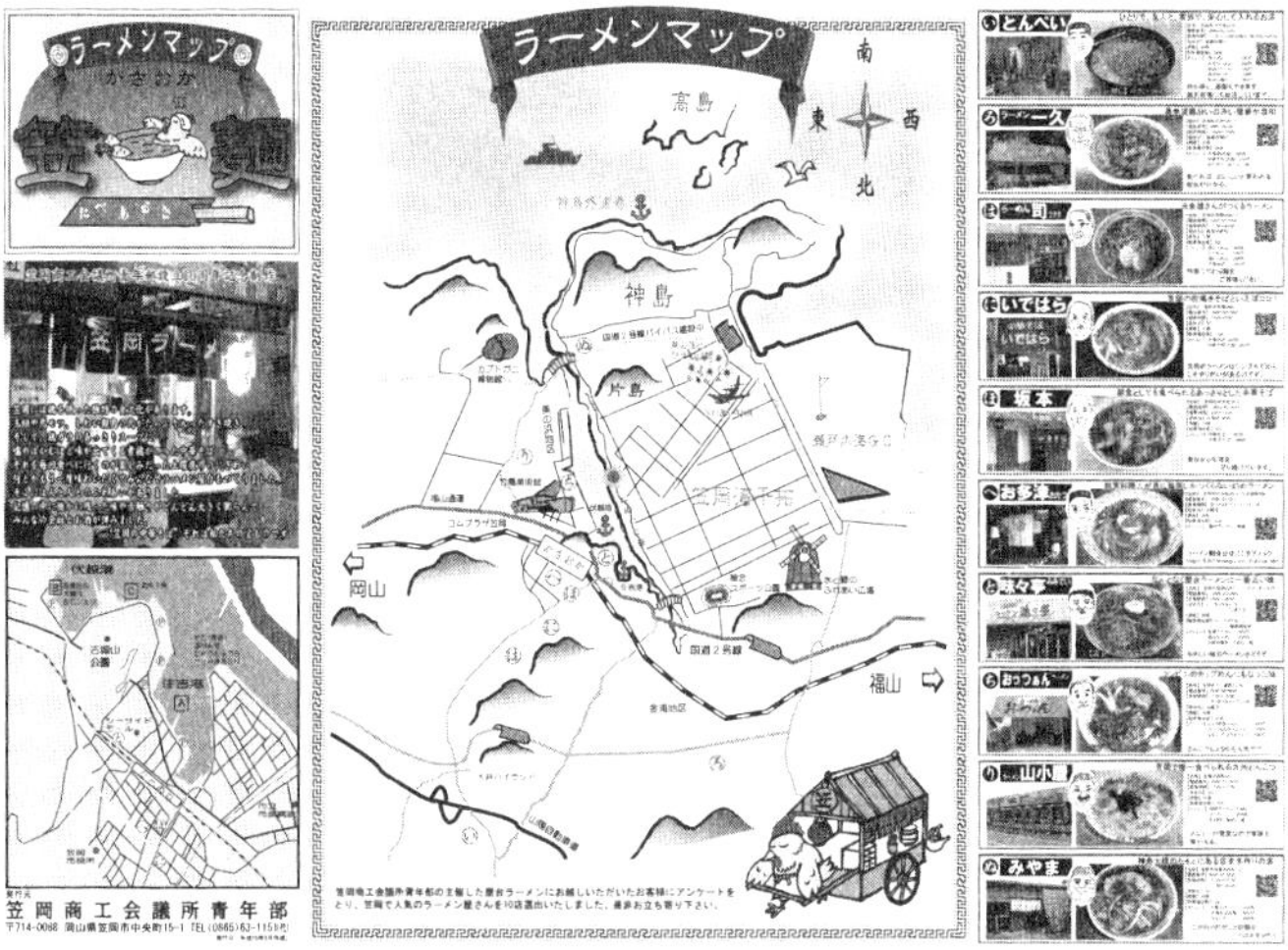

節があった。それが、ラーメンマップを介して同じ舞台に立つことになり、「笠岡の中華そば」から「笠岡ラーメン」へとまとまりを持ったご当地ラーメンの地に変貌を遂げたのであった。

笠岡ラーメンマップと表裏一体の笠岡諸島マップ

ラーメンマップの裏側は「笠岡諸島 島めぐり味めぐり」と題した笠岡諸島のマップとなっている。商工会議所青年部では、ラーメンでのまちおこしに先駆けて、瀬戸内海に浮かぶ笠岡諸島の活性化にも取り組んできた。笠岡諸島には、真鍋島、六島、北木島、大飛島、白石島、高島の六島がある。諸島間はフェリーも頻繁に往来しており、釣り客などの訪問が多いという。だが、島の人口は減少し、従来の活気が失われつつあった。

そこで、商工会議所青年部の一〇周年記念事業として、笠岡諸島の活性化にも取り組むこととなった。笠岡諸島でとれた新鮮な魚を提供する食堂などをはじめ、一五店を紹介。店の紹介と共に、おすすめの逸品と併せて店主の顔のイラスト画も載せた。

また、マップづくりと同時に、六島の独自の島弁当、通称「島弁」を企画。それぞれの島独自の食材を取り入れ、「島弁」を提供する店を決め、販売にまでこぎつけた。しかし、「島弁」の企画を通して気づいたのは、「まちおこしで地域の食をブランディングしていくことの難しさ」であった。さらに、笠岡の人から見れば六島は身近な存在であるが、笠岡以外の人にとっては、笠岡諸島は一つのまとまりをもっており、六島それぞれを巡るという発想はなく、まして、それぞれの島弁を食べようという発想には至らなかったと、関係者は振り返る。

そこで、笠岡の町を発信していくために、「ラーメンによるまちおこし」へと展開が図られるようになったのである。したがって、ラーメンマップは、当初から意図された企画ではなく、笠岡諸島のマップの裏面を利用した形で取り上げられるというものであった。しかし、ラーメンマップの人気は高く、たちまちに三〇〇〇部がなくなるほどの盛況ぶりであった。そして、笠岡ラーメンプロジェクトの一環として、ラーメンマップが作成され、老舗店と新しいラーメン店とが同じ土俵に立つきっかけとなった。ラーメンマップを作成することにより、笠岡ラーメンをご当地ラーメンへと飛躍させる要因ともなっていったのであった。

「笠岡屋台らーめんセット」の販売

ラーメンマップ作成に加え、「笠岡屋台らーめんセット」を二〇〇七年から販売している。奥村氏が中心となり半年かけて開発したもので、昔ながらの鶏がらをベースに魚出汁を効かせたスープと麺、トッピング用の「かしわ」が付いた具材セットである。五食セット二一〇〇円、二食セット八四〇円で、味々亭やJR笠岡駅前の笠岡諸島のアンテナショップで販売されている。

少量生産であり、煮鶏が付いている分、生産コストが高いことが課題である。販売ルートの開拓も含めて、どのようにPRしていくかが検討されている。

商工会議所青年部では、笠岡ラーメンのご当地ラーメン化に向けて、次々にステップを踏んで、ユニークな企画を実行してきた。まず、復活プロジェクトを始動させ、イベントでの出店販売をしたのが第一期。そして、屋台を製作し、笠岡ラーメンを担う人材育成事業が第二期。さらに、老舗ラーメン店を交えて、笠岡ラーメンマップを作成し、ラーメンセットを販売したのが第三期というように進化を遂げ、ようやく笠岡ラーメンブランドの知名度も高まりをみせているのである。

三　第一世代を引き継ぐ第二、第三世代の相乗効果

笠岡ラーメンの原型を作った斉藤を笠岡ラーメンの第一世代とすると、現在の笠岡ラーメンの系統は、斉藤に弟子入りして独立創業を果たした第二世代と、奥村氏や羽原氏などによる第三世代に分けることができよう。笠岡ラーメンの老舗といえる第二世代のスープは鶏がらのみを基本とするが、第三世代は鶏がらスープと魚出汁を使用しているところが多い。いずれも肉は煮鶏が使われている。それぞれのラーメンの特徴をみてみたい。

第二世代のラーメン店

笠岡一の老舗ラーメン店といえば坂本。店主は一九二七年生まれの八一歳。メニューは「中華そば」のみであり、鶏がらスープに煮鶏という笠岡ラーメンの基本形である。朝五時から毎日仕込みをし、売り切れると閉店となる。私は一二時半頃に行ったが、直後に売り切れとなった。その後、店主に話を伺うと、店主の祖父と斉藤の店主の祖父が兄弟だったとのことで、坂本氏は斉藤に短期間であったが指導を受けたという。しかし、教えてもらったといっても、「ヒガシマルとキッコーマンを混ぜてトリを焚く」という程度のものであったと笑いながら振

写真7—3　「坂本」の中華そば

写真7—4　「一久」の店内

り返っておられた。「鶏がらを決して動かさず火はトロ火」にするなど、五〇年間、同じ味を守り続けている。地元客を始め、遠方から見える客も多い老舗店である。

その坂本を師匠と仰ぐのが「一久」の店主、坂本茂氏（一九三六年生まれ）である。一久は国道沿いにあり、全国放送などでも取り上げられ、トラック運転手が立ち寄る店としても有名である。一九八二年に開業し、鶏がらベースで同じ味を維持している。「鶏は同じものが手に入るとは限らないが、スープの味は同じ味を再現する」「自分は中華そばは嫌い。中華そばの好きな人は味に妥協してしまう。嫌いな人は味を追求する」と語る店主は味わい深い方であった。なお、笠岡の夜泣きそばとして有名な「いではら」や、今夏オープンした「麺屋ハレ」は一久の流れをくんでいる。

なぜ、笠岡ラーメンは「鶏」にこだわるのか？

笠岡ラーメンは、鶏がらスープに肉は煮鶏といった「鶏」にこだわるラーメンである。第一世代の斉藤の流れを汲む第二世代のラーメンも、若い世代による第三世代のラーメンも「鶏」に徹底的にこだわっている。岡山は「卵」の食文化が発達しているという理由が第一であろう。町のあちこちには、卵の自動販売機があり、コインロッカーのような仕組みで各棚に、卵が並べられている。その日の朝の生みたての新鮮な卵が一〇個二〇〇円程度で提供されていた。

さらに、笠岡市内の廃肉業者へのヒアリングからは、次のようなことが明らかになった。笠岡ラーメンの鶏がらは、ブロイラーではなく廃鶏を使う。廃鶏とは採卵期間を終えて鶏舎から出される廃棄用の雌鶏のことである。まだ産卵もできて健康だが、飼育コストの削減などの点から解体される。卵用鶏でも、初産直前の肉は美味と言われるが、一年以上採卵を続けた後の廃鶏の肉は、固くて生肉には適さない。そこで、これらの肉は鶏がらや、ミンチにされて加工肉として利用される。

岡山県は廃鶏の出荷量が、全国的に見ても高い。卵の生産量に比例している。二〇〇七年の全国の廃鶏出荷量の上位は、千葉県、鹿児島県、愛知県、茨城県、そして岡山県である。岡山県の廃鶏の出荷量は約四一〇万羽。そのうち、大規模処理場が笠岡周辺にあり、笠岡を中心に、県北部の津山、そして県境を越えた福山には大規模な廃鶏業者がある。最大手の笠岡市内の廃鶏業者は年間一〇〇万羽を処理している。笠岡ラーメンのほとんどの店が、この業者から鶏がらを仕入れている。それぞれのラーメン店の店主が好みの鶏がらをオーダーし、「油が多い鶏がらを好むラーメン屋もあれば、油の少ないものを好むラーメン屋もある」とのことで、単に何キロいくらで売買されるのではなく、それぞれのラーメン店の好みの鶏がらが提供されているのである。

写真7—5　笠岡市内のあちこちにある「卵の自動販売機」

第三世代のラーメン店

では、笠岡ラーメンのブームに火を付けつつある第三世代のラーメン店を見てみよう。

味々亭は、商工会議所青年部で笠岡ラーメンプロジェクトの指揮を執ってきた奥村氏が営む店である。

写真7—6 「味々亭」の笠岡ラーメン

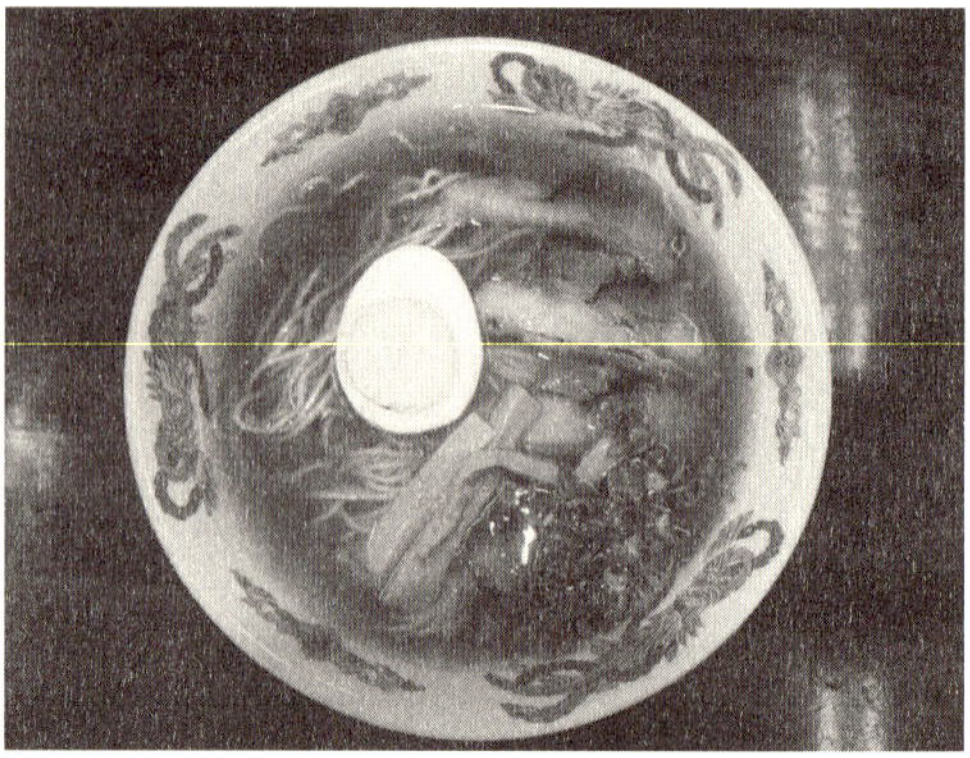

店は父親が経営するショッピングセンター内にあり、経営に携わっていた。もともとはパートのおばさん任せの豚骨ラーメンを提供していたが、より味を向上させるために、一三年前から奥村氏自らが厨房に立っている。笠岡ラーメンを追求するようになり、その後、商工会議所青年部をあげて「笠岡ラーメン」ブランドの取り組みへと発展を遂げるようになった。秘伝の鶏がらスープであっさりと味わえる自慢の一品である。

二〇〇二年創業のおっつぁんは、笠岡ラーメンの代表格として雑誌やメディアによく登場する店である。店主の伊藤芳秋氏はもともと製麺職人でもあり、斉藤の麺を作っていた。斉藤の最盛期の一九七〇年代には一日二〇〇〇食を出荷していたという。三〇年来、伊藤氏は笠岡のラーメン店に出入りしていたことから、各店のスープについては知り尽くしている。鶏がらやニンニク、ショウガなど約七時間炊き、厳選した醤油で作るタレと合わせたスープはまろやかで、取材二日目で六食目であったが完食した。今年から、中国自動車道の大阪から山口までのサービスエリアでお持ち帰り用ラーメンセットを三食一〇五〇円で販売しており、笠岡ラーメンといえばおっつぁんとの呼び名が高まってきた。伊藤氏は、「毎日、味は変わるものだ。季節ごとに異なるし、その味の違いを楽しんでほしい。笠岡ラーメンのベースを踏まえながら、自分の味を出していく」と語り、ラーメンは経験と技術に裏付けられた自信を感じさせる逸品であった。

写真7—7 「おっつぁん」の店舗とラーメン

全国レベル、「お多津」の幻のラーメン

味々亭の奥村氏が師匠と慕うのがお多津の羽原氏である。割烹料理人である羽原氏は月に三日しかラーメンを作らず、ラーメンオタクの「ラオタ」たちからは「幻のラーメン」と呼ばれている。毎回、

写真7—8　筆者が特別に作ってもらうことのできた「お多津」の“幻のラーメン”

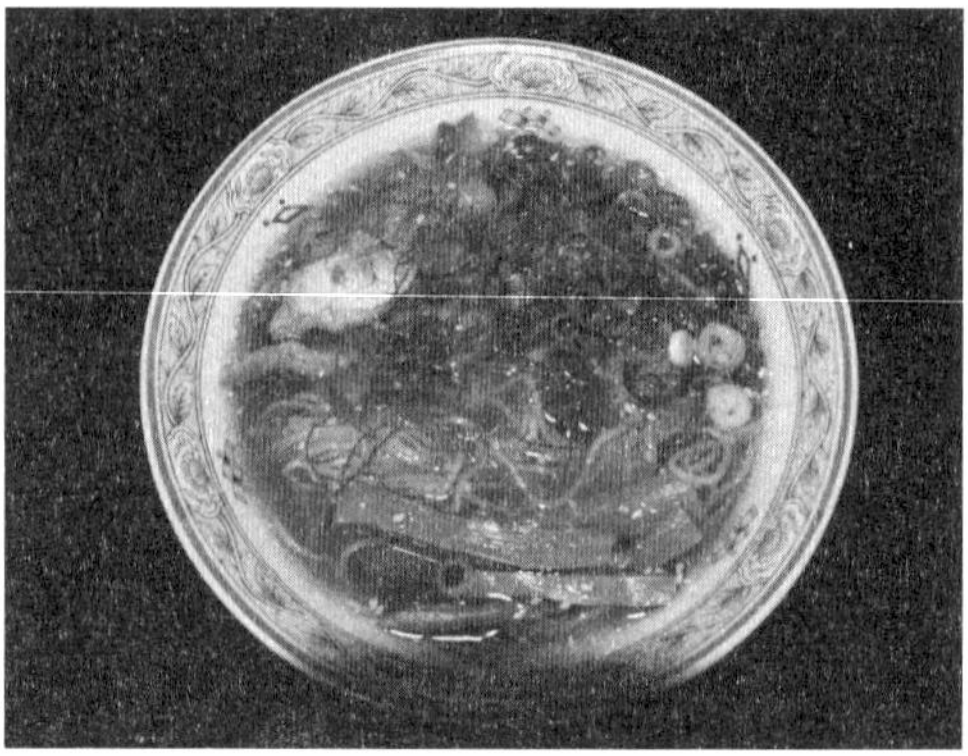

スープも麺も変わり、二度と同じラーメンには出会えない。私が訪問した日は「ラーメンの日」ではなかったが、特別に作って下さった。和風テイストを基礎にした上品な味であり、これほどレベルの高いラーメンに出会ったのは初めてで大変に感激した。その日のだしは、鶏がらに加え、たちうお、かにであり、糸唐辛子のトッピング、しかし基本は笠岡ラーメンというもので、絶品であった。

　二度と同じラーメンに出会えないことから、お多津のラーメンは「一期一会のラーメン」とも呼ばれる。今まで、どのようなラーメンを手掛けてきたのか、歴代の好評であったラーメンの一部を紹介しよう[1]。

　一つ目は、数種の魚のアラを煮込んで潰し抽出したエキスに、ニンニクや焦がし油を入れた「ぼいげもラーメン」と呼ばれるもので、最後の一滴までスープに魚ダシが効いた逸品である。

　二つ目は、「脂そば」であり、麺の上に豚の三枚肉のチャーシュー、青ネギ、揚げ背脂が乗り、別の小皿のスープと混ぜ合わせて食べるというラーメンの範疇を超えた新しいスタイルである。

三つ目は、鶏がらと和出汁のWスープに植物性の香油をたらし、氷で引き締めた細麺をトマトや生玉葱、黄ニラ、瓜、油揚げなどが乗った「冷やしラーメン」である。毎回、スープも麺も具も変化を遂げるのである。

「ラーメンはイメージ。ラーメンに旬を取り入れることが大事である。お多津のラーメンは商売としてやっているわけでなく、ラーメンをきっかけに、人のつながりが生まれる場である」と、一期一会のラーメンを手掛ける羽原氏は語る。

月三回のラーメンの日は不定期であり、インターネット上の掲示板で一週間前に告知されるという仕組みを取っている。このネットの告知を見て集まるのは、笠岡周辺のラーメン好きだけでなく、全国のラオタたちも集う場ともなっているのである。日本中のラーメンマニア四〇～五〇人が集結し、ラーメン談義に沸くこともあるという。「ラーメン四天王」が訪れ、「日本一ラーメンを食べた男」として知られる大崎裕史氏なども絶賛する名店である。

ご当地ラーメンの新しい形

ラーメンブームは、スープの流行にも現れ、ここ一〇年ほどの動きを振り返ると、鶏がらを基本にした東京系ラーメンから、豚骨がメインの九州ラーメンや和歌山ラーメンへと人気が移り、さらに新世代では豚骨をベースにあらゆる工夫をダシに加え、新しいスープが誕生していった。最近では、豚骨プラス魚ダシという新しいスタイルが定着しているようであるが、他方で懐かしの鶏がらスープへの回帰も見られるようである。

お多津の鶏がらをベースとして魚介類を加えるスープは、若い世代だけでなく女性やお年寄りなど幅広い層に支持される味であろう。ラーメンブームが落ち着きを見せた今こそ、笠岡の鶏がらベースのラーメンが懐かしさを呼び、火が点く可能性は高いかもしれない。

だが、ラーメン激戦地である東京に進出している笠岡ラーメン店は一つもない。ラーメン激戦地への進出こそがご当地ラーメンのブランド化につながるとするのであれば、笠岡ラーメンはまだその域には達していない。しかし、ラーメンブームは過渡期を迎え、ご当地ラーメンを東京で食すという「味」を追求するスタイルがあってよし、また、その地域に行かなければ味わえない「食文化」「風土」「地域性」などを求めるスタイルもあってよしだろう。ご当地ラーメンも多様な食スタイルを展開する時代になってきたのではないか。

笠岡にラーメンを食べにやって来た人が、笠岡ラーメンの「まちおこし」のストーリーに触れ、また、卵や鶏肉の食文化と笠岡ラーメンの関連性を見出し、第二世代と第三世代の味を比べることなどは、「ご当地でご当地ラーメンを食べる」からこそ生まれる新たな発見といえる。笠岡のような小さな町のご当地ラーメンこそ、過渡期にあるラーメンブームの新たな兆しになりうるかもしれない。ご当地ラーメンブームの裏にあるエピソードに目を向けることは、その地域の人たちに光を当てることにもつながるだろう。

四　地域に根ざしたラーメンも、とんがったラーメンも必要

ご当地ラーメンとして定着しつつある笠岡ラーメン。六年前に始まった笠岡商工会議所青年部による取り組みは、笠岡のまちづくりに大きな役割を果たしてきた。笠岡の知名度は、笠岡ラーメンと共に確実に高まっている。まだ、全国区ではないまでも、西日本エリアで多少のラーメン通であれば笠岡ラーメンのことを知っている人は多いだろう。皆が知る和歌山ラーメンや尾道ラーメンなどの全国区ブランドから、笠岡ラーメンのような小さな町のラーメンブランドまで、ご当地ラーメンの域は多様で広がりを見せ始めている。二〇〇〇年代初頭の大衆的なラーメンブームが一段落し、ここ数年は、こうした小さな町の「隠れた名店」を探り当てることが次なるブームとなっているように思える。

笠岡ラーメンのブランディングに向けた取り組みの特徴は、「まちおこし」を常に意識しながら、ステップを踏んで、進行してきたことにある。まず第一期には、斉藤の味を復活させるプロジェクトを始動させ、イベントで出店販売。第二期には、屋台を製作し、笠岡ラーメンを担う人材育成事業を実施。さらに、第三期には、老舗ラーメン店を交えて、笠岡ラーメンマッ

プを作成し、ラーメンセットを販売するまでになった。当初、笠岡のまちおこしはラーメンを素材としたものではなく、笠岡諸島の活性化に始まった動きであるが、その取り組みを「ラーメンによるまちおこし」に活かして、段階的に飛躍させていったのである。新しい世代による「点」の動きから、老舗を交えた「面」の動きに発展してきたことが、笠岡ラーメンのご当地ラーメン化が成功した要因であろう。さらに、人材育成の機能も付加させたことは炯眼であろう。「まちづくり」の事例としても興味深い。

こうした笠岡ラーメンプロジェクトの音頭をとってきた奥村氏が、「ご当地ラーメンには、地域に根ざしたラーメンも、とんがったラーメンも必要」と語っていたことが印象的であった。斉藤の味を引き継ぐ第二世代と、新しい世代の第三世代は共に、鶏がらベースのスープに煮鶏をのせる笠岡ラーメンの基本形は守りつつも、それぞれの個性を活かしながら、独自の味を追求している。こうした切磋琢磨が、ご当地ラーメンのレベルアップを促し、さらなるブランディングに向けた「まちづくり」の取り組みとつながっていくのであろう。

（1）福山・備後地域のタウン情報誌『Ｗｉｎｋ』二〇〇七年一一月号で、お多津の歴代ラーメンが紹介された。その上位にランクインしたラーメンを取り上げた。

第Ⅲ部　ラーメンの範疇を超える「ご当地麺」

第8章　伊那ローメン／地域の人びとに愛されて五〇年

関　満博

長野県伊那市と言えば、かつては抵抗器、コンデンサー等の電子部品産業の集積地として知られていた。だが、このような領域の産業は一九七〇年代以降、一気にアジアに移管されてしまっている。私自身も、一九八〇年代末の頃に現地調査を実施したこともあった。今回の水先案内人は当時からの知り合いの伊那商工会議所総務企画課長の伊東久氏（一九五一年生まれ）であった。実は、六〜七年前に講演で伊那を訪れた際、伊東氏からローメンを勧められ、全く口にあわず、閉口した覚えがある。焼きそばでもなく、ラーメンでもない。なんとも不可思議な「麺」であった。

この伊東氏、まちおこしの世界では「ローメンマン」などと言われ、必死にローメンを売り出すために活躍していることが伝わってきていた。多少、激励の気分で今回、現地入りしてみた。二日で五回ほどを食したが、重ねるほどにローメンの奥行きの深さに魅入られていくことになる。初日の昼に「うしお」の焼きそば風ローメンの大盛り、夕方の「紋次郎」の飲み会でつまみにスープ風ローメン、二次会の「萬里グループの屋台」のつまみもスープ風ローメン、三次会のスナックでもスープ風ローメン、そして、翌日の昼はローメン発祥の店とされる「萬里本店」で仕上げのスープ風ローメンであった。現地では「一回では分からない。食するほどに魅入られる」と言われていたのであった。

図8—1　ローメン食べ歩きマップ

一　ローメンとは何か

ローメンにはラーメンに近い「スープ風ローメン」と、焼きそばに近い「焼きそば風ローメン」の大きく二つの種類がある。だが、いずれもラーメン、焼きそばからはほど遠い。極めて独自な「麺」であった。しかも、各店のテーブルには、醤油、ソース、酢、唐辛子、ゴマ油、おろしニンニク等の調味料が置いてあり、自分流に仕上げて楽しむとされている。カレー粉、マヨネーズを置いている店もある。また、メニューには「並盛」「大盛（一・五倍）」「超（二倍）」「超々（三倍）」の四段階を示している場合もある。焼きそば風ローメンで人気のうし

表8―1　ローメンズクラブ加盟店（2007年8月現在）

スープ風…
焼そば風…
両方あり…

No.	店　名	TEL (0265)	営業時間 昼	夜	休	調理法
1	伊那市役所食堂〈アザレア〉	78-4111	11：30～14：00	17：30～18：30	土・日	焼そば風
2	花ぜん本店	72-8304	11：00～14：00	17：00～22：00	月	スープ風
3	志ぶ柿	78-5323	11：00～13：30	17：00～23：00	日（昼のみ休）	焼そば風
4	スナック喫茶 ポッケ	78-1250	9：00 ～	1：00	第1・3日	スープ風
5	中華料理 田村食堂	72-3787	11：00～14：00	17：00～21：30	月	スープ風
6	串正	78-8719	―	16：30～23：00	無休	焼そば風
7	うしお	72-4595	11：30～13：00	17：00～21：00 LO	日	焼そば風
8	紋次郎	72-7452	―	17：00～24：00	第3日	スープ風
9	ろじん	73-5420	―	18：00～2：00	日	スープ風
10	萬里	72-3347	11：30～14：00	17：00～22：00	月	スープ風
11	食事処・酒処 馬ッ子	72-0108	―	17：00～22：00	火	焼そば風
12	みはらしファームとれたて市場	74-1805	【店】 9：00 ～ 【食堂】10：00 ～	16：00 16：00	無休	スープ風
13	食堂とよばら	72-4909	11：00～14：00	16：00～21：30	水	スープ風
14	ラーメン大学 伊那インター店	72-4696	11：00 ～	23：00 LO 22:30	木	スープ風
15	みどり中国料理店	72-4393	11：00 ～	20：30	水	スープ風
16	来々軒	72-2687	11：00 ～	21：00	日	焼そば風
17	竜門	78-7151	11：00～14：00	16：00～21：00	火	両方あり
18	日本料理 あすなろ	78-3647	11：30～14：00	17：00～21：00	月	スープ風
19	みや川	72-7451	11：50～14：00	18：00～21：00	火＋不定休	スープ風
20	萬楽	72-4742	11：00～14：00	17：00～21：00	火	スープ風
21	シャトレ	78-6822	11：00～15：00	17：30～22：00 LO 21:30	水	両方あり
22	萬里彩園（休業中）	73-5151	11：30～14：00	17：00～21：00	木	スープ風
23	四方路（すまろ）	72-8322	11：00 ～	21：00	日	スープ風
24	華蔵	94-3580	11：00～14：00	17：00～23：00 LO 22:30	月	スープ風
25	お食事処 みすゞ	94-2311	10：30～14：00	16：00～20：00	不定休（水が多い）	焼そば風
26	とまり木	94-3685	―	18：00～ 18時前の予約は94-2291	月	焼そば風
27	四季亭 もりた	94-2218	11：30～13：00	―	不定休	焼そば風
28	DEUX（ドゥ）	東京03-3592-9030	12：00 ～	22：00	土・日・祭	焼そば風

※LOはラストオーダー

■協力加盟店（製麺所、ローメンお土産品ほか）

- ●はびろ温泉羽広荘　78-6155
- ●㈾服部製麺所　72-2623
- ●木曽屋㈱　94-2323
- ●㈱鍋焼城　72-4517
- ●モリヤ㈲　85-3410
- ●中野食品㈱　埼玉 042-996-8213
- ●㈱スタジオアール　72-1046

おの場合、並盛が五三〇円、大盛六一〇円、超七〇〇円、超々八五〇円とあった。超々は高校生の間で大人気とされていた。

作り方と特徴

伊那ローメンズクラブのリーフレットによれば、ローメンの作り方と特徴は以下のように説明されている。

「スープ風ローメンの麺は蒸して乾麺状態にしたものを湯で戻して煮ます。この時スープのベースに醤油が多く使われますが、野菜、肉と同様に各店によってそれぞれオリジナルの味になります。スープの量も、多い・少ない・またほとんど入れない（お客様に出す際）等さまざまです。野菜・肉の入れ方も麺といっしょに煮る、というのが多くみられますが、全てがそうではありません」と記されてあった。事実、店によってはスープ風ローメンと言いながらも、全くスープの入っていないものもあった。また、ローメンの最大の特徴の一つは「羊肉」を使っているということだが、店によっては豚肉、牛肉を使っている場合もあった。

また「焼きそば風ローメンは、麺を蒸して乾麺状態にして湯で戻すまでは、スープ風と同じです。その後炒めます。この時野菜、肉等も一緒に炒める所や、別々に炒める所があります。この際ベースになる味付けがソースになります。野菜、肉もスープ風と同様各店オリジナルの

写真8—1　萬里のスープ風ローメン（並盛と超盛）

写真8—2　うしおの焼きそば風ローメン（超々盛）

味を楽しむことができます」と記されていた。

どうも、ローメンの特徴は、「蒸した乾麺を湯で戻す」「醤油ベースのスープで煮る」、あるいは「ソースで炒める」、「肉は羊肉が中心」「多様な調味料を自分流に入れる」といったところにありそうであった。

ローメンの誕生

ローメンの誕生については諸説があるが、最大の立役者である萬里店主であった故伊藤和弌《わいち》氏（一九三〇〜二〇〇七年）は以下のように語っている。

「ある日（一九五五年）、飼っていた雄のめん羊の角でおばあさんが大怪我をした。……羊は処分され、廻り回って私の店に持ち込まれてきた。多少、横浜で経験があったためジンギスカン焼を思いついたが、いかんせん小さなバラック建ての店で煙が充満し、仕事どころではなかった。冷蔵庫のない時代のこと何か麺料理をと製麺屋のオヤジ（服部製麺所の服部幸雄氏）と考え、冷蔵庫がなくても保存できる『むし麺』を考案した。……料理方法は、当時大陸帰りの高校の先生から……野戦料理の調理方法など御指導を受け、独特の『スープ』で地元産羊肉・キャベツ・にら・にんにくと醤油、砂糖で味付けをし、必ず落とし蓋をかぶせ『むし煮』にすることがそもそものローメンの始まりであった。宣伝もしていなかったが評判が評判を呼び、近頃都会で見かけるがバラックの店の前に行列ができるようになった」(1)とされている。

その後、伊那の多くの飲食店がこのローメンに取り組み、「麺を焼きそば風にしたらうまそうだとか、焼きそばにお湯を入れてくれと言ったお客様がいたとか……。いずれにしても市民から生まれました」(2)とされている。

また、当初は、チャー（炒め）ロー（肉）麺（メン）が合体してチャーローメンと言われていたのだが、一九七〇年代のラーメンブームにあやかり、語呂合わせで「ローメン」と呼ばれるようになっていった。

市民の「ローメン」への想い

後にふれる伊那商工会議所を中心に繰り広げられたローメンによるまちおこしの運動の中で、一九九五年には市民のローメンへの「想い」を綴った『ローメンの想い出あれこれ』をまとめあげている[3]。そこには、一六人の市民が寄せてくれている。

「二〇年くらい前のことです。冬の寒い夜、飲み会のあった帰りだと思います。ビニールの袋に入ったローメンを冷めないように紙にしっかり包んでもらって私にお土産に買ってきてくれたのです。……でも冷めてすっかり伸びてしまい。それにあの独特の臭いのするローメンが主人の好意にもついに一口も食べられませんでした。町に出かけることの少なくなった主人は息子に『たまには一緒にローメンを食べに行かないか』と誘っております。伊那のローメンは男性にとっては『故郷の味』なのでしょうね」(小松真弓さん)

「ローメンの食べ歩きをし上伊那郡辰野町から駒ヶ根市の店を渡り歩いた結果、やきそば風、スープ風に別れ、味のベースは、ソース、酢、胡麻油、唐辛子のお好みと自店独自のタレとに分類され、各店の独自の味を醸し出し、食する楽しみを倍増させるローメン、これからもローメンをこよなく愛し、絶品を求めローメン探訪に打ち込みたい」(増田雄二氏)

「悲しい思い出もあった。高校生がローメンを昼間、買いに来たことがあった。『どうした』と聞くと、『親父が癌であと二、三日しかもたない。〝萬里のパイカルとローメンを食べさせてくれ〟というので』とのこと。目頭を熱くして調理した。実際に食べられたかどうか定かでないが。……その高校生も県庁勤めで、退職間近の年齢になっている。心に残る思い出である」（伊藤和弌氏）

このようにローメンは伊那の地域で市民に深く愛され、育ってきたのであった。

二　ローメンを育んできた店と人びと

一九五五年に萬里店主の伊藤和弌氏が考案し、服部製麺所の服部幸雄氏が協力して生み出されたローメンは、市民の間で深く愛されるご当地B級グルメとして育ってきた。ローメンズクラブのメンバーは三〇店前後だが、メニューの一つとして置いてある飲食店やスナックなども多く、上伊那の範囲で一〇〇店はローメンを提供しているのではないかと思う。また、市民の間では家庭でローメンを作る場合も多く、地域の食文化に深く浸透している。ここでは、伊那のローメンの指導的な立場にあるお店、担い手を紹介していくことにしたい。

萬里／伊藤和弌氏

最大の立役者は、萬里店主の故伊藤和弌氏であろう。伊藤氏の姉は満蒙開拓団の一員として

図8—2　伊藤和弌の似顔絵

満州に赴き、現地で亡くなられている。長野県からは多くの人びとが満州に渡ったことが知られている。このことが伊藤氏の胸に深く残っていたようであり、横浜中華街への修業、その後の長野県日中友好協会理事といった活動に踏み込ませていった。一九五五年には帰郷し、八月に萬里の名前で開店している。

ローメンを開発した経緯は先に述べたが、以後、伊東氏は伊那のローメンの普及に多大な貢献を重ねてきた。若者を預かり多くの暖簾分けを行い、また、自身も多いときにはそれぞれ個性的な飲食店をいくつも展開していた。さらに、地元の『伊那毎日新聞』に開店の時から広告を掲載し、その中で「萬里語録」なる人気のコラムを書き続けてきた。それが約一二〇〇回にも及び、二〇〇三年に、一二〇編ほどを編集し『萬里語録』として刊行している。たいへんなコラムニストであることがうかがえる。いくつか紹介してみよう。

さして
　残したくないんです
　ぜいたくをしたくないんです
　けれど損はしたくないんです
　これ以上（ローメン屋）エラクなりたくもないんです
　御婦人これは？　……です
　されどあしたいずこでいくさがあろうとも
　今日店をあけることが義務です。生きがいです。
　一日のべ三十三時間働く萬里グループです。（注：三店舗）（一九八四年九月六日）

すれ違った美人の奥様

「萬里のオジサンですか？　萬里語録のファンですの。」

今回の昭和一ケタには涙が出ました、感激しました。

どなたも読んで下さらなくてもいいんです。この奥様だけが読んで下されば。

「オジサン」には少し抵抗があるけど、高い広告料ですが、老骨にムチ打って、珍しい、酒や料理を考えております。（一九八四年八月一一日）

萬里店主のケッサク

流し場の片隅で
萬里語録を考えつつ
馬鹿は男のかれすすきの歌（一九八三年九月九日）

一八三センチの偉丈夫であった伊藤和弌氏は、後にみるローメンズクラブの初代会長にも任じていたが、「俺が死んでも、ローメンは残る」と言い置き、二〇〇七年五月に七六歳で永眠された。ローメンを世に送り出した立役者であり、地域産業の振興に深く貢献してきた。萬里グループは「萬里本店」「萬里彩園」「ろじん」「屋台」の四店舗に加え、市販品の麺の加工を行う「萬里食品センター」を展開している。また、暖簾分けした店舗が六店舗を数える。特色はスープ風ローメンであり、創業以来の味は萬里本店で受け継がれている。現在の店主は娘婿の馬場元氏（一九五六年生まれ）、和食の修業を重ね、その後、萬里に合流し、後を継いでいるのであった。なお、萬里本店ではローメンは六八〇円で提供されていた。

うしお／家族による経営

スープ風ローメンの代表が萬里であるとすれば、やきそば風ローメンの代表選手がうしおということになる。今回の伊那ローメン探訪の最初の昼にうしおの大盛ローメンを食したが、その深みに深く感動するものがあった。六〜七年前の印象とは根本的に異なっていた。うしおの店主は潮田浅子さん（一九二二年生まれ）。兄が戦前に中国東北の牡丹江にいた時に食していた炒肉菜（チャーローサイ）をお酒のつまみとして提供するところから始まる。この炒肉菜にビーフン（米粉）の代わりに支那そば用の生麺を加えて炒めたのが最初だが、あまりうまくいかなかった。その後、蒸し麺を使用して、現在のやきそば風のうしおローメンが出来上がっていく。蒸し麺を茹で、麺と羊肉とキャベツ等の野菜を炒め、盛りつけていくということになる。注文してから出てくるまでのスピードには驚いた。「どんどん作り、どんどん出て行く」と語っていた。

写真8―3　うしおの店先

　働いているのは、潮田浅子さんの夫の哲人氏、孫の潮田秋博氏（一九七一年生まれ）と井口慎弥氏（一九八〇年生まれ）の兄弟。兄弟の父は亡くなっている。開店時間は午前一一時三〇分から一三時、一七時から二一時まで。お客は平日一〇〇人強、週末は一五〇〜二〇〇人。

三〇〇人のこともある。さらに、伊那まつり、ローメンまつりの日には五〇〇〜六〇〇人が訪れてくる。たいへんな人気店であった。

後継者の潮田秋博氏は小学校の卒業文集で「コックになる」と書き、その後もブレることなく、高校の商業科で経理を学び、松本の料理（和食）の専門学校に一年、松本の料理屋に三年勤め、家業に戻ってきた。伊那のローメンの次の担い手の一人として期待される。「ローメンズクラブの会合などには出ているのか」という私の質問に対し、「親父たちの世代が出ている。呼ばれたことがない」と語っていた。このような潮田秋博氏のような世代が表舞台に登場し、新たな世界を切り開いていくことが期待される。この点が、伊那のローメンをめぐる最大の課題の一つではないかと思う。

来々軒／橋爪今朝春氏

伊那の中華料理の老舗中の老舗が「来々軒」である。戦前の一九三六年に創業した。創業者は現店主の橋爪今朝春氏（一九三六年生まれ）の父であり、食堂のコックとして大陸に渡り、身体を壊して帰郷、支那そば屋を開店している。日本の支那そば屋としては相当に早いスタートであった。戦後すぐに、現在地のJR飯田線伊那北駅前の現在地に移転している。

橋爪今朝春氏は一九六一年から家業の手伝いを始めた。訪れる客から「ローメンはないのか」と尋ねられることが多く、萬里グループなどのいくつかの店を食べ歩き、一九六三年からメニューに入れている。橋爪氏自身、羊肉が苦手なことから、豚肉を使用した。場所柄、通学の伊那北高校の生徒たちが大量に押しかけてきた。ただし、近年は、高校生たちはコンビニで食事を手当てする場合が多いことから、減少している。反面、ローメンの知名度が上がり、観光客やビジネス客が訪れてくることが多い。

店は橋爪氏と息子の橋爪利彦氏（一九六二年生まれ）、そして息子の夫人が手伝っている。息子の橋爪利彦氏は子供の頃から「跡をとる」ことを刷り込まれており、三年ほど東京にいたものの、すぐに家業に戻ってきた。店全体に家庭的な良い雰囲気が漂っていた。来々軒の場合は中華料理一般のメニューが豊富であり、ローメン専門店というわけではない。豚肉による初心者向けローメンを提供していると語っていた。場所柄、来店者は初心者が多いことから「ローメンの味付け　①ソース三〜四周、②ゴマ油三〜四周、③お好みで七味、酢を掛けて召し上がって下さい」という張り紙がしてあった。

店主の橋爪今朝春氏はローメンズクラブ発足時から副会長に任じている。「クラブでは『若い者がやらなきゃダメ』と言いながらも、年配者がやってくる。若い人が出ると店がおろそかになる。イベントもたいがい親が出てくる」と語っていた。このような事態を突破していくことが、伊那のローメンの次の飛躍につながることは間違いなさそうである。

シャトレ／黒河内明夫氏

伊那のローメンを語る場合、もう一人外せない人物がいる。洒落たパスタ店「シャトレ」店主の黒河内明夫氏（一九五一年生まれ）である。黒河内氏は地元宮田村のレストラン「ときわ」の息子として生まれる。駒ヶ根高校一年生の時、伊那の同級生に誘われて、初めてうしおでローメンを食べた。近くなのに、それまでローメンのことは全く知らなかった。衝撃であったと黒河内氏は振り返る。次に萬里のローメンを食べ、以来、病み付きになり、週に三回はローメンに通った。

東京の大学を卒業後は地元の有力企業であるルビコンに勤務、一九八二年、一〇年勤めたところで大阪転勤の声がかかり、退職、周りが田んぼであった現在地に飲食店を構える。当初からローメンを出したかったのだが、夫人と従業員の大反対にあう。当時のローメンのイメージは、「オヤジの食べ物」「昼からオッサンたちが酒を飲みながら食べるもの」とされていた。黒河内氏は「キタナイ、クサイ、キケン、クライの４Ｋだった」と振り返る。

仕方なく、メニューの中に「スープ焼きそば」の名称で「スープ風ローメン」をしのばせたが、地元の客は理解しており、それなりに出た。特に、シャトレの場合は女性向きのパスタ店。女性客から「美味しかった」と言われることが励みになった。

一九九四年から、商工会議所の主導の下でローメンが盛り上がるが、当初、黒河内氏は反対勢力であった。黒河内氏は「あまりにもレベルが低い」「客が勝手に味付けするなど、ウチの味をぶち壊す」と考えていた。

だが、商工会議所のローメンマンである伊東久氏に「シャトレのような店でローメンをやって欲しい」と懇願され、たまたま体調を崩した入院中に悶々と考え、多方面にわたる「ローメンの商品化」に取り組んでいくことになる。宮田の実家に自分のレシピで「タレ」を作ってもらい、「麺とタレ」のギフト商品を開発、お土産用、家庭用、給食用、カップ麺まで踏み込んでいった。販売先もスーパー、道の駅の直売所、セブン-イレブン、ふるさと便にまで入れた。

写真8—4　シャトレの入口と黒河内明夫氏

現在のシャトレでは、「伊那名物ローメン」のメニューがあり、羊のジンギスローメン（七七〇円）、牛のソースローメン（七四〇円）、イノシシのドラゴンローメン（八〇〇円）が、焼きそば風（ソース系）とスープ系で並んでいた。さらに、開発商品としては、ローメンのタレ、ソースかつ丼のタレ、信州リンゴ入りのカレー（牛・馬）、炭焼き手作りの御平もち、南アル

プス産イノシシなべなど、家庭用から業務用まで二〇〇〇品種をラインアップさせているのである。自ら「田舎臭いベンチャー企業」と語っていた。

明らかに黒河内氏の路線は、これまでのローメン店とは一線を画するものであり、「オジサン、中年、力仕事、昼から酒を飲む雰囲気」を乗り越えるものとして、ローメンの普及に大きく貢献しているのである。

高校一年生の時に出会ったローメンを独自に高め、特に、グルメの世界の主役である女性客に受け入れられるものにしていることはまことに興味深い。ローメンの幅を拡げるものとして、黒河内氏の存在は興味深い位置を占めているのである。

三　ローメンを売り出す

すでにローメンが伊那で生まれて五〇年以上の月日が重なっているが、このローメンに大きな光を当てようとしたのが、伊那商工会議所であった。近くの駒ヶ根市が「ソースかつ丼」によるまちおこしに踏み込んだのが一九九二年(4)。その動きに触発されて、伊那商工会議所の伊東久氏が動き出すことになる。萬里の伊藤和弌氏の「自分たちは一生懸命やっているのに、会議所は何もしてくれない」という言葉が後押ししたと、伊東氏は語っていた。

商工会議所の取り組み

一九九四年の長野県の「むらおこし事業」予算を獲得、市の予算も重ねて、三年計画でことにあたっていった。

一九九四年は市内飲食店約五〇〇軒にアンケート調査を実施、ヒアリング調査、関係者からの意見聴取と重ね、先進地の佐野のラーメン視察と進めていった(5)。一九九五年にはローメンとさくら肉（馬肉）に焦点を合わせ、「ローメンを愛する会」と「さくら肉を考える会」を設置、検討を重ねた。その結果、一気にPR用パンフレット・グッズの作製、イメージキャラクター「ウマカロー」の決定、ローメンマップの作製、「ローメンの思い出あれこれ」の募集、のぼり旗の作製も行った。当初のローメンを愛する会のメンバーは四〇店ほどであった。

写真8—5　伊東久氏

なお、この一九九五年には、地元の伊那小学校二年節組が反応し、会議所の伊東氏の下に「伊那の名物を教えて欲しい」との手紙が来る。早速、伊東氏はローメンと馬刺しを持参して小学生と交流を深めていった。この時、

伊東氏は小学生に対して、「キャラクターの名称とローメンの歌」の作製を依頼している。その後、ローメンは学校給食にも採用されていくことになる。「ローメンの想い出あれこれ」の募集と小学生との交流を重ねながら、ローメンによるまちおこしは、次第に市民に受け入れられていくのであった。

ローメンズクラブの展開

二年を重ねた一九九七年の頃からは、マスコミの取材も増え、また、オーストラリアのシドニーで開催された「ザ・祭・イン・シドニー」にローメンを愛する会が参加し、三〇〇食を振る舞っている。そうした実績を踏まえ、一九九七年三月には「ローメンズ憲章」を策定し、「ローメンズクラブ」を発足させている。合わせて、六月には「六《ム》月四《シ》日」を蒸し麺にちなんで「ローメンの日」と認定してもらっている。当初のローメンズクラブの会員は四三店舗であった。ローメンズ憲章は以下のように記されている。

一　「伊那名物ローメン」として、誇りを持って料理を作ります。
二　「伊那名物ローメン」の味にこだわり続けます。
三　「伊那名物ローメン」を全国に発信します。

ローメンズクラブの入会金は五〇〇〇円、年会費は一万円とされている。その他の経費としてはイベントの際の負担金がある。なお、伊那市からの補助金はない。会合は年三〜四回、その他に先進地視察、老人ホームの慰問などを重ねてきた。

ただし、これまでの伊那ローメン及びローメンズクラブをリードしてきた伊藤和弌氏が二〇〇七年五月に突然亡くなり、ローメンズクラブ二代目会長には萬里から暖簾分けされた伊藤和弌氏の一番弟子とされる萬楽の正木金内衛氏（一九三五年生まれ）が就いているが、残念なことに会自身が求心力を失ってきているように見える。ローメンにとって、一つの試練の時なのかもしれない。

こうした事態に直面し、ローメンズクラブは、一つに「ローメンの日」のイベントをしっかりやること、二つに、先進地の視察など研究を怠らないことを確認しているようであった。ローメンを軸としたまちおこしに踏み込んでほぼ一五年、市民の間には深く浸透したが、次のステップとして、世代の交代、そして、全国にどのように発信していくかが問われているように見えた。

四　若手の登場と市民との連携

圧倒的な存在感のあった伊藤和弌氏の突然の逝去は、関係者に大きな影を落としている。各所を訪れ、関係者と懇談を重ねたが、いずれの方もこころの拠り所を失ったかのようであった。だが、一方で、明らかに若い力が台頭しつつあることも読み取れた。パスタのレストランでありながら、ローメンを新たなイメージで提供しようとするシャトレの黒河内明夫氏の存在、また、老舗を継ぎ始めた若手の登場。例えば、萬里の馬場元氏、うしおの潮田秋博氏、来々軒の橋爪利彦氏など、これらの人びとはローメンの新しい時代をリードしていく担い手になっていくことは間違いない。また、老舗の「萬里」から多くの独立者が出ていることも興味深い。ローメンの新たな世代が登場し、深い連携を形成していくことが期待される。

現状、ローメンズクラブの会合に出席するのは「いつものメンバー、五〇歳以上ばかり」と言われているが、早急に若い力が発揮できる環境を形成していくことが必要なのではないか。現状、各店舗の後継ぎたちは、日常の忙しさに埋没しているように見える。ローメン関係の若手の集まりなどを持ち、若者らしい新たな発想で、今後の伊那のローメンを論じ、新たな行動を起こしていくことが必要なのではないかと思う。これは、ローメンの世界ばかりだけではない。閉塞感の強まっている日本の現状では、地域全体の活性化、再生に不可欠の視点であると思われる。商工会議所が仲立ちし、世代の交代、若手が自由に発想していける環境を整備していくことが求められているのである。

さらに、もう一つ重要なことは、市民との連携を強化するという視点であろう。初期の段階では伊那小学校の生徒たちとの興味深い交歓があった。その後、そのような取り組みがどうなっているのか。やや低調になっている雰囲気であった。ローメンの日や伊那祭の日のイベントのあり方も構想し直し、また、市民、特に子供たちと日常的に接触する機会を持っていくことが重要であろう。社会教育の一環として、ローメンを継続的に研究していく環境づくりが求められているのではないかと思う。

五〇年以上の歴史を重ね、市民に愛され、高められてきたローメン。次の課題は、担い手としての若者の登場、市民との深い連携、そして、全国への発信であることは言うまでもなさそうである。「初めて食うんじゃ、そんなに旨ぇもんじゃないだに、そいだけどなぃ、二度三度食べれば、また食ってみてぇなぁと思うだに」という故伊藤和弌氏の言葉を噛みしめ、新たな一歩に踏み出していくことを期待したい。

（1）伊藤和弌『萬里語録』ボロンテ、二〇〇三年、六八頁。

（2）伊那ローメンズクラブのリーフレット。
（3）ローメンを愛する会『ローメンの想い出あれこれ』一九九六年。
（4）駒ヶ根の「ソースかつ丼」に関しては、吉瀬徳重「駒ヶ根市／ソースかつ丼によるまちおこし」（関満博・遠山浩編『「食」の地域ブランド戦略』新評論、二〇〇七年）を参照されたい。
（5）佐野ラーメンについては、関満博「栃木県佐野市／『ラーメン』と『いもフライ』のまち」（関満博・古川一郎編『「B級グルメ」の地域ブランド戦略』新評論、二〇〇八年）を参照されたい。

第9章　八幡浜ちゃんぽん／まちおこしの起爆剤に

西村裕子

全国的な地方衰退の最前線に立つ四国ブロック。その中でも愛媛県南部の南予地域は激しい人口減、少子高齢化に悩まされている。南予地域の人口は二六万人、そのうち最大の市である宇和島市が九万人、続いて八幡浜市が四万人である。地域の主な産業は柑橘類と海産物を中心とした農林水産業と食品加工業であり、それ以外に目立った産業がない。良い就職先がないため、一度土地を離れた子どもは、経営者の子息を除いてまず帰ってこないとされていた。

この地域では戦後から、中華そばに野菜や肉、練り物を炒めてのせた「ちゃんぽん」が広く庶民の味として親しまれてきた。そうした中で、八幡浜市では庶民の味であったちゃんぽんが全国的な「まちおこし」「B級グルメ」ブームの中で地域住民に注目され、まちおこしの起爆剤として活躍し始めていた。

この章では、「食」によるまちおこしでは後発に入る八幡浜ちゃんぽんが、数年で急速に知名度を上昇させ、「食」を起爆剤として新しいスタイルのまちおこしを模索していく姿を報告していく。

図9—1　愛媛県の過疎市町村マップ

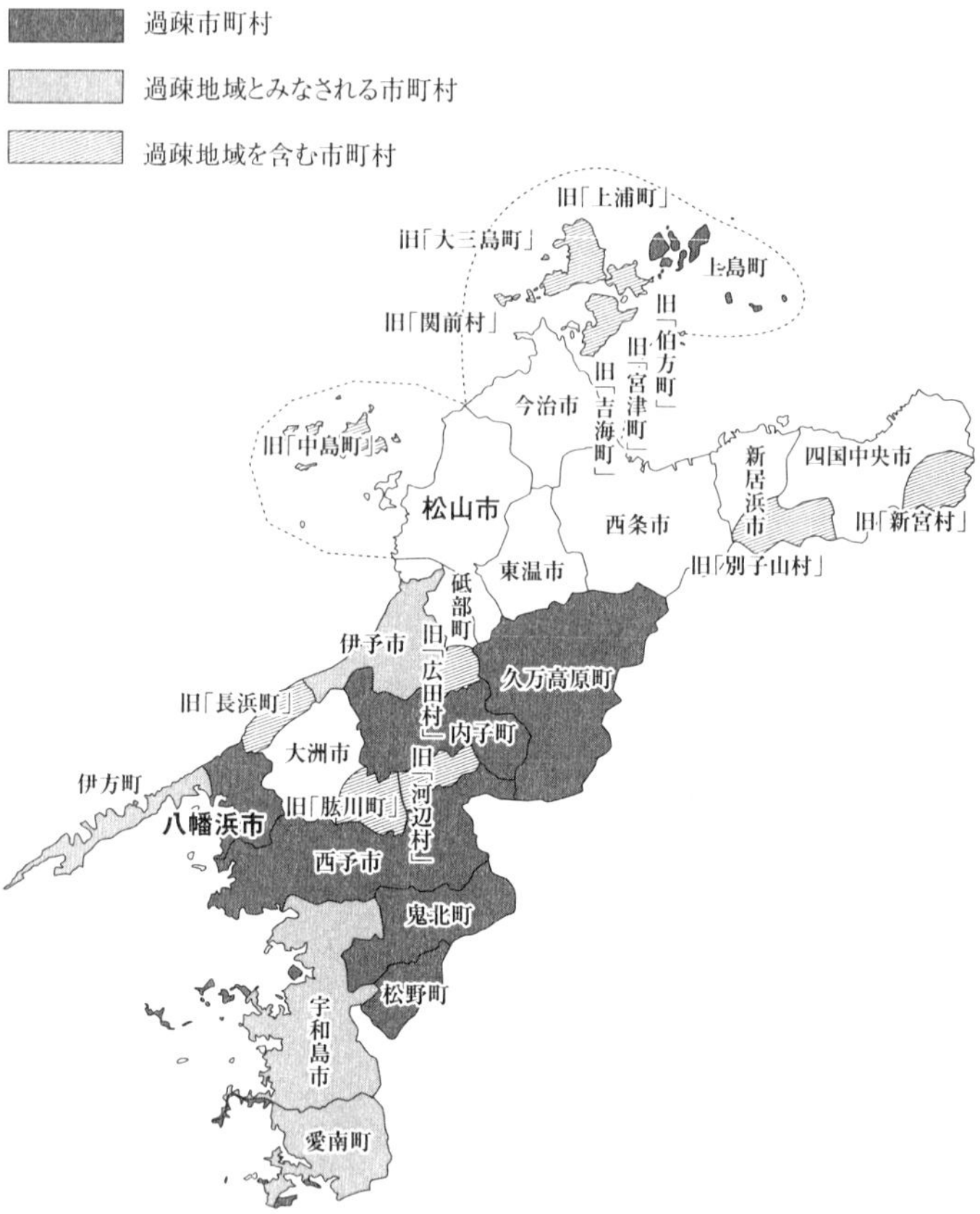

資料：全国過疎地域自立促進連盟㈶過疎地域問題調査会
『Kaso-net』http://www.kaso-net.or.jp/

一　産業都市から衰退の最前線に立つ地方小都市へ

八幡浜市は南予地域の中でもこれまで独特な発展をしてきた。現在の八幡浜市中心部、そして山を隔てた八幡浜市保内町川之石（旧保内町、二〇〇五年に八幡浜市と対等合併）はリアス式の天然の良港に恵まれ、大阪や九州を結ぶエリア最大の港町であった。明治時代には四国初の紡績会社である宇和紡績会社が設立され、愛媛初の銀行もこの地に設立された。また近隣に大規模な銅山がいくつも発見され、沖合に精錬所が建設された。八幡浜は「四国のマンチェスター」「伊予の大阪」と呼ばれ、昭和初期をピークに産業の町、交通の結節点としてたいへん賑わった。

だが、戦後になって銅山の影は薄くなり、宇和紡績から幾度か名前を変えた紡績工場は一九六〇年に閉鎖された。この頃から産業都市としての八幡浜は転機を迎えていく。

一方で、八幡浜では近代産業の発展と時を同じくして漁業、そして柑橘類栽培が地域の発展を支えていた。元々、八幡浜は漁業の盛んな地域であったが、大正時代に端を発したトロール漁船による漁業が戦後大きく発展し、八幡浜は関西の市場にまで強い影響力を持つ漁港として栄えていった。また獲れた魚を使っての練製品加工業も発達していく。そしてまた、明治時代

写真9—1　みかん畑と養殖場が広がる（穴井地区）

に端を発したみかん栽培が戦後に大規模化し、急な山の斜面がみかんの木でいっぱいになっていった。八幡浜は、農林水産業、工業、商業のすべてがバランスよく発達した、有力な地方都市であった。

衰退の進むまち

現在、八幡浜市は人口四万人。別府と臼杵行きのフェリーが毎日各六、七便出港しており、出港時間が近くなると港付近はフェリーに乗船する車で渋滞となる。

八幡浜市中心部を歩くと、山と海に囲まれた小さい三角州のなかに多くの商店が密集していることに驚かされる。八幡浜市中心部の土地価格は松山市とほとんど変わらないとされ、このことが大型商業施設の市内展開を妨げている。だが、往事の勢いは感じられず、中心部には明治期の立派な住居と戦後に建てられ改修されないまま残された建物が混在し、独特の歴史を感じさせる。

長年のトロール漁法の影響からか漁獲量の減少が著しいものの、依然として八幡浜は西日本

図9—2　八幡浜市の人口予想

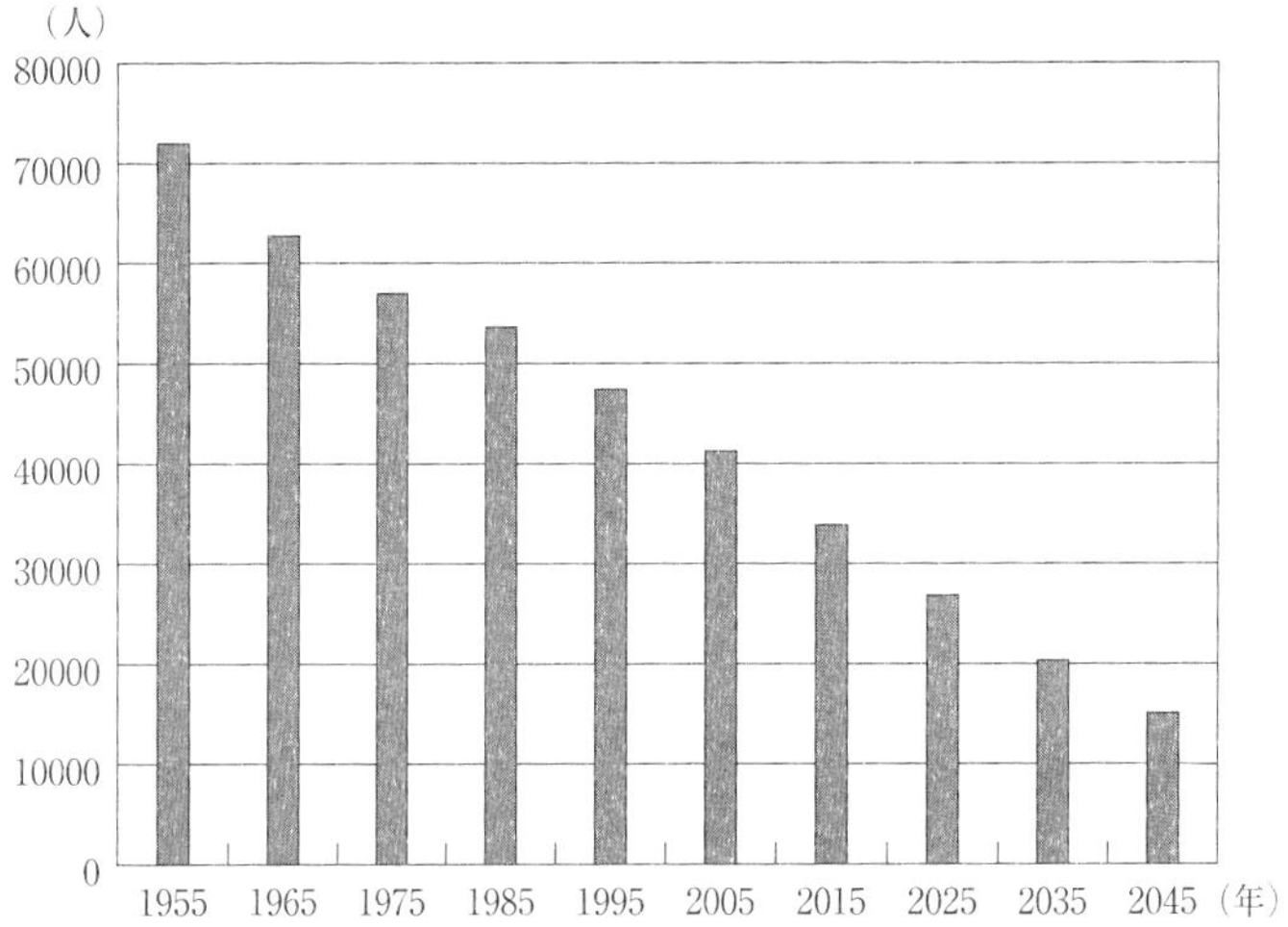

資料：1955～2005年までは『国勢調査』。2001～2045年は八幡浜商工会議所青年部の試算。

有数の漁港である。みかん栽培では生産者の高齢化、後継者不足が問題となっているが、みかんの大生産地、そして日本一値段の高いみかんの生産地としても名高く、他地域からの新規就農者もいる。このように第一次産業が健闘する中、八幡浜市の人口減少は昭和三〇年代から止まることがなく、今後も減少が予想されている。

二　八幡浜ちゃんぽんプロジェクトの発足

今後も人口減少と衰退が予想される中で、八幡浜市では二〇〇六年頃から、地元で古くから愛されてきたちゃんぽんが注目を集め、まちおこしの起爆剤として活躍し始めていた。

ちゃんぽんプロジェクト、始動

戦後すぐに長崎から八幡浜に持ちこまれ、大切に育てられ愛されてきたちゃんぽん。そんなちゃんぽんは衰退に苦しむ八幡浜の「まちおこしの起爆剤」として任務を与えられることになった。その始まりは二〇〇五年秋、八幡浜商工会議所青年部の交流会の場であった。

八幡浜商工会議所青年部の二〇〇六年度会長に決まっていた伊藤篤司氏（八幡浜センチュリーホテルイトー）と青年部メンバーの赤松直氏（赤松塗料店）は、二〇〇六年度の事業計画を策定していた。八幡浜商工会議所青年部には地域の企業後継者を中心に約五〇人が加入しており、メンバーのほとんどは卸・小売など商業に携わっている。青年部は「自分の商売を良くすること」を目標としており、月一度定例の勉強会を開催している。

しかし、人口減少、市街地の衰退に伴い、メンバーのいずれも商売に苦労する状況が続いていた。個々の商売に取り組むことも大切だが、今は皆一丸となって頑張る時かもしれない。そのような中で、一〇年ほど前から町の関係者の話題に上がっては消えていた「ちゃんぽんでまちおこし」を強く思い出すことになる。

「やるか！」飲み屋での一声。ここからすべてが始まった。

八幡浜商工会議所青年部では二〇〇六年度の活動に「ちゃんぽんによるまちおこし」を加えることを決定、青年部の委員会活動の中に新たにまちづくり委員会を立ち上げた。委員会メンバーは約一〇人、加えて会長や理事が積極的に活動に関わることになる。

ちょうどその頃、南予地域の活性化の糸口を探していた愛媛県庁産業課、そして八幡浜市役所商工観光課から、青年部でまちおこしをしないかという声がかかり、ちゃんぽんによるまちおこし案について「お金はないけど応援します」という力強い声をいただいた。ここから商工会議所青年部を中心として、愛媛県庁、八幡浜市役所が一体となった「八幡浜ちゃんぽんプロジェクト」がスタートする。

八幡浜ちゃんぽんとは

そもそも、八幡浜に伝わるちゃんぽんとはどのようなものなのか。

ちゃんぽんといえば、長崎。太麺、具だくさん、そしてなんといってもこってりしたスープの長崎ちゃんぽんを思い浮かべる方も多いのではないだろうか。ちゃんぽんが生まれたのは明治時代の長崎。(1) それから数十年を経て戦後、八幡浜にちゃんぽんがもたらされた。関係者がすでに亡くなっており詳しいことは分からないのだが、一九四八年創業の「丸山ちゃんぽん」が初めてちゃんぽんをメニューに入れたと言われている。それから数十年の間にちゃんぽんが八

写真9―2　八幡浜ちゃんぽん（花庄八のちゃんぽんセット）

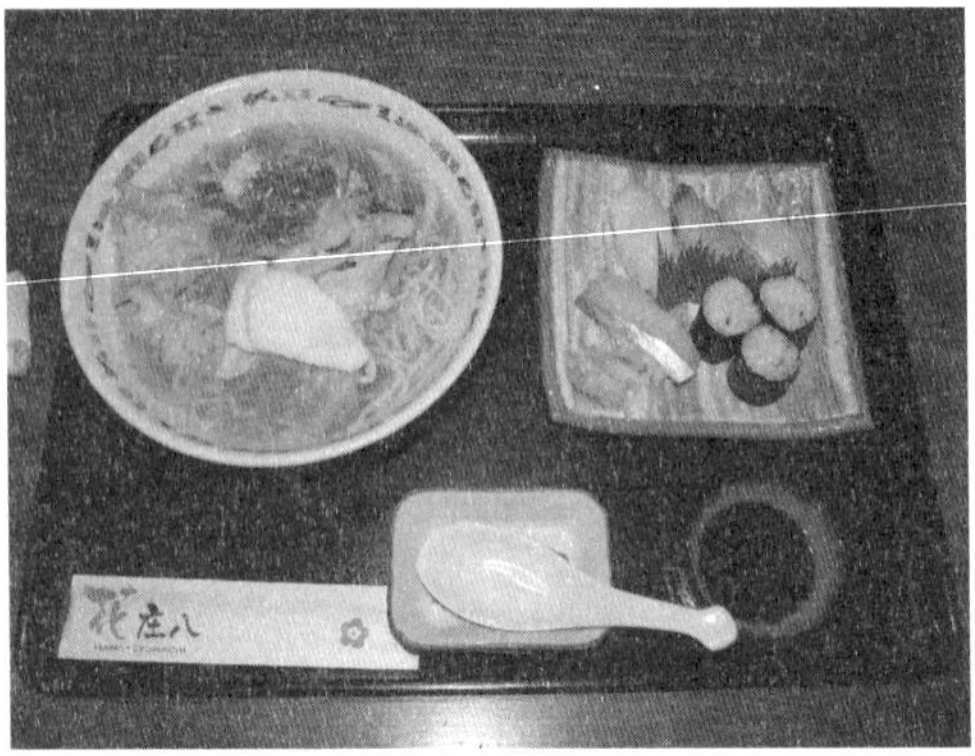

幡浜市民の日常生活に定着していった。

八幡浜には、昔からラーメン屋、うどん屋がほとんどない。空前のラーメンブームの中でも、市内にはラーメン屋は三軒しかない。そのかわり食堂に行けばちゃんぽんがある。だが、ちゃんぽん専門店はほんの数軒しかない。まことに不思議な世界が広がっていた。

ちゃんぽんを提供する食堂の営業時間は幅広く、早い店では朝三時から営業開始。海の男達が力をつけにやってくる。遅いところでは深夜三時まで営業。飲んだくれが最後のシメに押し寄せる。つまり八幡浜では二四時間ちゃんぽんを食べることができる。ちゃんぽんはまさに「庶民の味」として親しまれ、大切に育てられてきた。なお現在、八幡浜市内にはちゃんぽんを提供する店が約四〇店存在している。一昔前には六〇店前後あったというが、経営者が高齢のため店をたたんでいるようであった。

そして、ちゃんぽんは家庭の味でもある。市内でちゃんぽんを提供する喫茶店「ロンドン」が家庭向けちゃんぽんセットを製造、市内スーパーで販売している。ちゃんぽんセットには麺・スープ・具が入っており、これだけでちゃんぽんを作ることができる。このちゃんぽんセットは市民にとても親しまれているロングセラー商品で、みな休日のお昼やちょっとしたごはんにちゃんぽんを作って食べている。

また、八幡浜のちゃんぽんはちゃんぽんでありながら、本場長崎のちゃんぽんとは異なった独自の変化をとげている。最大の違いはスープにある。八幡浜のちゃんぽんのスープのだしは主にいりこや鶏ガラが使われており、スープは透き通り、あっさりした味をしている。スープに豚骨を使う店もあるが、その場合でもあっさり味に仕上げてある。麺は太めのストレート。地元では「中華麺」とよばれている。八幡浜に製麺所が三軒あり、大半の店は地元製麺会社の麺を使っている。具は様々だが、基本的には野菜と豚バラ肉、そして八幡浜の特産品である練り物を炒めたものがどっさりと乗っている。ちゃんぽん自体はあっさりした味だが、具が多いためヘルシーかつ食べごたえもある。そのため昔から若者よりは中高年に人気があるとされ、八幡浜市民も「若い頃は物足りない気がしてあまり好きでなかったけど、年をとってから好きになった」という人が多いようであった。

近隣の事例を参考にスタート

二〇〇六年春、ちゃんぽんプロジェクトは、まず高知県須崎市の「須崎鍋焼きラーメン」の

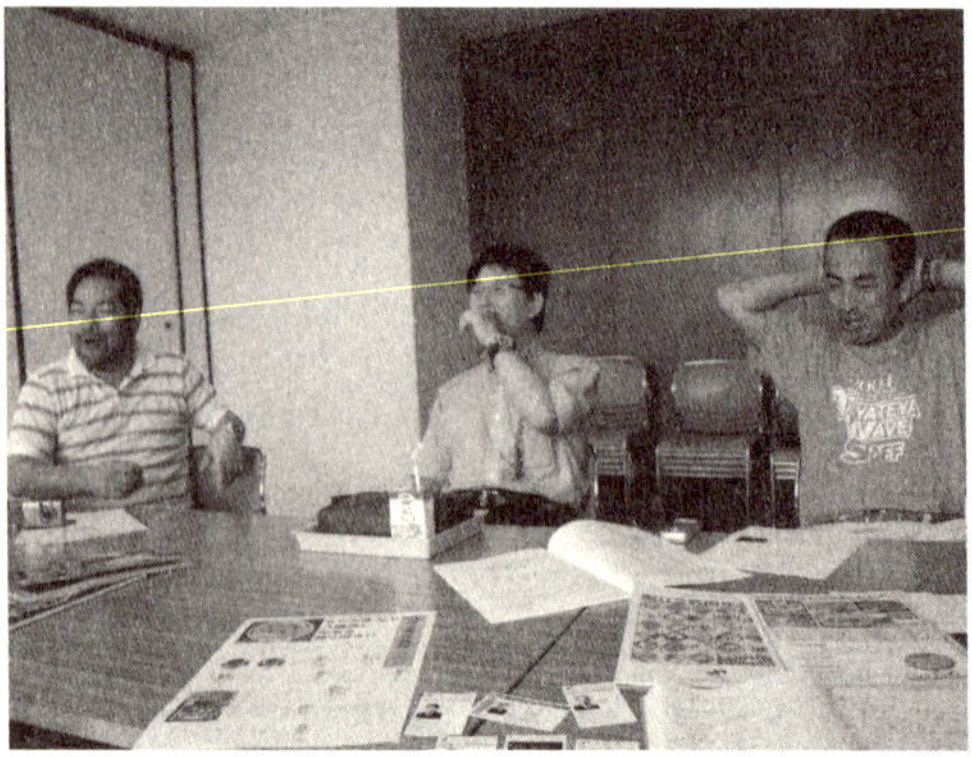

写真9―3　八幡浜商工会議所青年部メンバー

事例を参考にスタートした。須崎鍋焼きラーメンは二〇〇二年頃に須崎市のまちおこしの一環で始められたもので、商工会議所職員が積極的に主導しており、一定の成果をあげていた(2)。

青年部のメンバーは初めに須崎鍋焼きラーメンの「三種の神器」（のぼり、マップ、イメージキャラクター）を参考に、のぼりとマップを製作した。また手探りではあるもののメンバー各自がブログを開設し、インターネット上にちゃんぽん情報を積極的に掲載していった。具体的目標は「テレビに出ること」であった。当初は難しいように思えたが、案外あっさりとその目標をクリアすることとなる。それどころか短期間で想定した以上にテレビ出演を果たした。

この年、二〇〇六年には第一回B―1グランプリが開催されており、「食」によるまちおこしに注目が集まっていたこと、このような話題は県内のローカル番組が好む内容であったこと、また県庁や市役所がその立場を活かして積極的にプレスリリースを打ったことなどがその要因であろう。ちゃんぽんプロジェクトを始めてほんの数カ月で、八幡浜ちゃんぽんは県内を中心にそれなりの注目を集めることができた。

「八幡浜全体が盛り上がるように」

当初の目的を早くも達成してしまった二〇〇六年秋は、メンバーにとって一番辛かった時期であった。このままこのプロジェクトを続けてよいのか、続けるなら次は何をすればよいのか…。やめようという声もあった。近隣ではさぬきうどん、徳島ラーメン、尾道ラーメンなどが全国的知名度を獲得していた。しかしメンバーにとっては、これら近隣の事例はむしろ反面教師であり、ちゃんぽんを提供する店と、製麺会社など関連企業だけが儲かっても「意味がない」と考えていく。

悩みに悩んだ末、八幡浜全体が盛り上がるように、ちゃんぽんマップに八幡浜の紹介や近隣店舗の紹介を加えた本を発行することに決定した。製作予算は青年部メンバーの持ち出しでおよそ二〇〇万円。赤字が出た場合には幹部メンバーで補填することに決めた。約半年後の二〇〇七年三月発行を目標に定め、準備が始まった。本の製作にあたっては菊池史行氏（株）豊予社）と菊池誠氏（有）富士写真館）がライター&カメラマンとして活躍し、本職以上の多くの時間をちゃんぽんの取材に割いていった。

写真9—4　『八幡浜ちゃんぽんバイブル』

続けて、二〇〇七年三月二八日には「八幡浜ちゃんぽん記念式典」を開催した。二〇〇五年のこの日は旧八幡浜市と旧保内町で合併した日であり、新しく八幡浜市として「ちゃんぽん」したことをかけて三月二八日を「ちゃんぽんの日」とした。このちゃんぽんの日は市やその他団体との調整もなく青年部の独断で決めたのだが、特に問題は起こらなかった。さらにこのとき「愛媛県南予地域に広がるちゃんぽんは全て八幡浜ちゃんぽんである」という半ば強引な宣言を行ったのだが、近隣からの反発もなかった。またこのイベントには地域の子どもが多数参加しており、子どもたちの笑顔を見てメンバー一同「ちゃんぽんプロジェクトは自分たちの商売のためだけではない、子どもたちに明るい八幡浜を残すためでもある」と、まちおこしへの想いを強くしたという。

　その後、『八幡浜ちゃんぽんバイブル』が完成、四国内の書店やイベント会場などで販売された。フルカラーで一冊八八〇円。表紙は菊池史行氏の親戚が製作した版画がもとになっており、町の小さな食堂のあたたかい姿が描かれている。また、文章はすべて八幡浜弁で書かれており、写真も多用され見ていて楽しいものに仕上がっている。『ちゃんぽんバイブル』は二〇〇八年秋までに三〇〇〇部程度売れており、品薄が続いている。資金は無事に回収できた。

三　まちおこしの起爆剤として活躍する「ちゃんぽん」

二〇〇七年度に入り青年部では組織変更、毎年恒例の会長交代など内部変化があったものの、青年部では八幡浜ちゃんぽんのPR活動を積極的に続けていった。二〇〇七年度会長の斉藤郁夫氏（メガネの十字屋）をはじめとしてメンバー一丸となり、休日返上、本職返上でイベント会場での出店を続けた。そのような活動を通じ、さらに取材がたくさん入るようになる。愛媛県内を中心に四国四県、九州などで八幡浜ちゃんぽんは何度もマスコミに登場し、知名度を高めていった。食堂を中心に市内店舗をまわるスタンプラリーなどのイベントも行った。

さらに続く反響

そのような中で、「八幡浜ちゃんぽんをぜひ商品化したい」という話が、サークルKサンクスからかかった。商品化が実現し、二〇〇八年二月に期間限定で「八幡浜風ちゃんぽん」が四国三六〇店で販売され、二万食を売り上げた。同時期に松山の愛麺㈱の社長からも声がかかり、八幡浜商工会議所青年部監修でお持ち帰り用八幡浜ちゃんぽんが商品化された。そのパッケージは『ちゃんぽんバイブル』の表紙がベースとなっており、中に青年部からのあいさつ文が入っているのが特徴的である。なお愛麺㈱は八幡浜の八西食品㈱の流れを汲む会社であり、以前から青年部と親交があった。現在この商品は八幡浜駅をはじめとし、松山空港でも販売されており、好評である。

市民からの反響もこの頃から大きくなっていった。「この頃から市民が親近感を持ってくれるようになった」という。特に、地元の八幡浜高校との連携が進んでいった。とりわけ、八幡浜高校の新聞部から取材が入り、その取材内容を掲載したものが高校生の新聞コンクールで優秀賞を受賞するということがあり、明るい話題となった。

再び「見直し」の時期へ

二〇〇八年度に入っても、メンバーはちゃんぽんのPR活動を継続して行っている。最近は大手旅行ガイドブックに八幡浜ちゃんぽんが紹介されるなど、青年部の手を離れたところでも八幡浜ちゃんぽんの宣伝がされるようになってきた。週末になると近隣からちゃんぽん目当ての観光客が多数訪れるようになり、食堂の売上も上がってきている。八幡浜ちゃんぽん創業の店である丸山ちゃんぽん、パック販売のロンドン、イーグルなど有名店では常連客が入れなくなるほど観光客で繁盛している。

しかしながら、青年部メンバーのちゃんぽんへの取り組みに以前ほどの勢いはなく、ちゃんぽんプロジェクトは再度見直しの時期にきているようであった。二〇〇八年度会長となった赤松直氏は「次のかたちに移行していくかな」と語る。一定の成果を出したちゃんぽんから少し離れて、八幡浜全体が盛り上がるように、次の計画を練っている。

八幡浜にはこれといった「目玉」はない。だからこそ市全体に人が流れるように、八幡浜のおもしろスポットを集めた「猫の目マップ」や、それぞれ活躍する市民をマイスターとして登録し、観光客のお手伝いをする「マイスター制度」を立ち上げている。そしてこれらの狙いは観光客を増やすことではなく、まちおこしに関わる市民を増やし、市民の中でネットワークを築いていくことだという。

猫の目マップは旅雑誌『ＧａｊＡ』に大型の折込地図として掲載されることがすでに決まっている。おもしろスポットの発見には、市内小中学校にも協力してもらっており、メンバーは楽しみながら、急ピッチで作業を進めていた。

四　「まちおこしの起爆剤」から、その先へ

市内のちゃんぽん提供店の動きはどうなっているのだろうか。

市内には八幡浜ちゃんぽん創業の店である丸山ちゃんぽん、パック販売のロンドン、イーグルなど行列のできる有名店が出てきているが、ラーメンで有名な都市に見られるような個店間競争はあまり見られない。だが、八幡浜港の近くでちゃんぽんを提供する食堂・フジ観光が冷凍ちゃんぽんを開発するなどの新しい動きもある。

ちゃんぽんを提供する食堂の多くは小規模な家族経営である。店のキャパシティからも、高齢となっている経営者の体力面・精神面からも、大ブームとともに激しい個店間競争になってしまうより、「最盛期には及ばないが」と若干の前置きをつけた上で、確実にお客の増えている現状がちょうど良いと感じているようであった。

そのような中、市内の丸山ちゃんぽんで新しく後継者が決まった。八幡浜市の人口減少は続いているが、市中心部は夜間に営業する飲食店の集積が近隣で一番進んでいるため、近隣の町から飲みに来る人たちが多い。特に最近は伊方町にできた原子力発電所の関係者がよく飲みに来る。新鮮な魚を提供する居酒屋、深夜でもちゃんぽんを食べられる食堂、そしておしゃれな

バーもあり、夜の八幡浜は賑わいをみせていた。ちゃんぽんプロジェクトを期に後継者が育っていく姿は、明るい未来を彷彿とさせた。

写真9―5　山腹より望む八幡浜市中心部

市民と行政、企業。地域の皆で「協働」

まちの勢いが減退している現在、誰もが地域活性化の起爆剤を探している。行動力のある市民、広報力やネットワークを持つ行政が協働すれば、お金がなくともその土地にある「農」「食」で地域に大きなインパクトを与えることができる。市民主体のイベントの行政によるプレスリリース、イベント出店の情報提供など、市民と行政がお互いの強みを生かし協働できることは多い。そこに地域の企業が参入していけば、いっそうの盛り上がりを作っていくことができる。

とりわけ「食」に関するまちおこしでは、先行する成功事例が広く認知されているため周囲の理解が得やすい。市民も、行政も、ちゃんぽんを提供する食堂も、企業も、マスコミも、皆が「ちゃんぽんプロジェクト」にあたたかいエールを送っている。まちおこしに頑張る人びとにとって最高の励みになり、若干の強引さなら許される。イベントも成功しやすく、急速な知名度上昇につなげることができる。

また八幡浜では「Uターンした若者のセンス」が特徴的であった。青年部メンバーは飲み会で大騒ぎしてアツく語り、やるときにはやる「若者・ばか者」であることはもちろん、ほとんどは一度都会に出てUターンしている「よそ者」でもある。彼らは「都会から見た地方」をよく理解しており、『ちゃんぽんバイブル』などは、そのような彼らのセンスが十分に生かされたものに仕上がっていた。またこの後ろには県の紹介でプロジェクトに参画してきた大阪のイベントプロデューサーの寺内浩司氏が控えており、氏のセンスや明るい人柄が青年部メンバーを力強く、そしてやさしく後押ししていた。

「まちおこしの起爆剤としての食」から、その先へ

商工会議所青年部メンバーをはじめとした八幡浜の人びとの努力によって、八幡浜ちゃんぽんは「食」によるまちおこし後発組のなかで先頭に立つことができた。

これから、「まちおこしの起爆剤」から、どこへ進んでいくのか。

先述したように、青年部メンバーには共通して、近隣の香川県のさぬきうどんの大ブームな

どのようにはなりたくないという強い思いがある。「結局、製麺会社だけが儲かった」「ブームが来て店に観光客の行列ができ、常連が店に入れなくなり、ブームが去った後、常連も来なくなり店がつぶれてしまった」といった話が語り草となっており、このような展開を最も警戒している。すでに八幡浜でも有名店で常連に入れなくなっていることが、その懸念に拍車をかけている。他方で、八幡浜ちゃんぽんの知名度は愛媛、せいぜい四国のみだということを皆理解している。今後も知名度上昇を狙って、積極的に中国地方や関西、九州などの近隣のイベントに出展したり、マスコミにＰＲしていったほうがよいのではないかという思いもあり、まだまだ模索状態にある。

八幡浜ちゃんぽんプロジェクトは、愛媛県内にちゃんぽんをＰＲする取り組みから徐々に活動領域が広くなり、それぞれ本業を持つ青年部メンバーだけでは対応しきれない状況になりつつある。そのような中で猫の目マップやマイスター制度によって協力者を増やし、まちおこしに関わる市民を増やそうとする動きは、八幡浜のまちおこしがちゃんぽんをきっかけに、これからさらに大きく飛躍していくことを予感させる。

「まちおこしの起爆剤としての食」からどう進んでいくのか、先行する成功事例はまだ少ない。非常に難しい課題だが、これから話し合いと実践を重ねる中で、新しいまちおこしのスタイルを作り上げていくことが期待される。

（1）長崎のちゃんぽんについては、山藤竜太郎「長崎市／新地中華街」（関満博・遠山浩編『「食」の地域ブランド戦略』新評論、二〇〇七年）を参照されたい。

（2）鍋焼きラーメンについては、長崎利幸「高知県須崎市／路地ウラから全国区を目指す『鍋焼きラーメン』」（関満博・古川一郎編『「B級グルメ」の地域ブランド戦略』新評論、二〇〇八年）を参照されたい。

第10章　沖縄そば／新たなグルメ市場を目指して

崔　珉寧

沖縄を訪れる年間六〇〇万人という多くの観光客の玄関口である那覇空港から、車で一五分ほど国道三三一号線バイパスに沿って南下すると、豊見城市の新しい複合商業施設である「豊崎ライフスタイルセンターTOMITON」が現れる。この施設は、二〇〇七年のオープンから二〇〇八年八月の現在、ちょうど一周年を迎えた。通称「とみとん」と呼ばれるこの商業施設は、地域住民の身近で便利な大型ショッピングモールとして、また、沖縄県を訪れる多くの観光客の新しいショッピングコースとして地域の大きな期待が寄せられるスポットの一つである。

那覇空港に到着する多くの観光客は、沖縄県の中部と北部に位置する数多くの魅力的なビーチと観光リゾート施設を目指して北上することが少なくない。この傾向は、中部と北部地域に比べ比較的な競争劣位におかれている南部地域の行政と住民に、一連の危機感をもたらしてきた。南部地域には、ひめゆり塔の戦跡地や摩文仁といった観光資源は存在するが、多くの場合、これらを目当てに訪れる観光客は、慰霊の目的を果たすと、素通りで北上してしまう。このため、豊見城市に隣接し、上述した観光資源をもつ糸満市でさえ、年間一〇〇万人ほどの観光客しか誘致することができないというのが現状である(1)。

したがって、二〇〇七年の八月に、南部地域における観光産業のさらなる成長と、これを基盤とした地域経済全体の活性化を期待してオープンさせたとみとんは、地域のみならず沖縄県全体からの注目を集めていると同時に、地域活性化のために積極的に推進しているいくつかの新しいプロジェクトとともに、今後の動きが重要視される場所である。今回の題材として取り上げる沖縄そばという長い歴史をもつ沖縄地域の伝統料理に関しても、このとみとんは、地域グルメという切り口からの地方の活性化と地域ブランド構築において、大きなチャレンジーが試されている場所である。

ここでは、沖縄県の地域活性化を目的とした「食」のブランド化への戦略的な行動を明らかにするという大きな目的の下、地域の伝統的かつ代表的なグルメである「沖縄そば」を題材に、伝統と歴史をベースとした発展を試みるいくつかの事例を見ることにしよう。

まずは、沖縄そばの簡単な概観を述べた上で、沖縄料理のフラグシップの一つである沖縄そばを地域活性化の切り口として有効に活用しようとする二つのケースを紹介しよう。そして最後に、都市部に比べ比較的に経営資源が限られるといった地方の制約条件を念頭に置きながら、これら限られた資源をいかにして有効に活用し、大きなパフォーマンスへとつなげていくかに関するブランド化戦略の視点を検討することにする。

一　沖縄そばの歴史と概観

沖縄料理といえば、ラフテーやソーキといった豚肉料理と、沖縄ならではの野菜として広く知られているゴーヤーを用いたゴーヤー・チャンプルーといった野菜料理、また、戦後アメリカの軍政下におかれていたことから、アメリカ食文化の影響を多く受けて独自的な進化を果たしたタコライスを思い浮かべるであろう。さらに、これらの代表的な沖縄料理と並んで、必ず取り上げられるのが沖縄そばである。

上述したいくつかの沖縄独自の料理もそうであるが、沖縄そばも、常夏といわれるような明確な四季をもたない気候の影響と、本土から遠く離れているという地理的な条件から、一般的に利用されるような食材が入手しに

写真10—1　沖縄そばの一つである宮古そば

写真10—2　代表的な庶民料理の沖縄そば

くく、したがって、限られた食材をベースに独自の料理として発展してきた傾向が大きい。

沖縄そばは、沖縄地域の伝統的な麺料理として、「すば」または「うちなーすば」と呼ばれることが多い。「すば」や「そば」といえば、この地域では沖縄そばのことを指す。反面、蕎麦粉から作られた本来のそばは、沖縄そばと区分するため、「日本そば」「ヤマトそば」と呼ばれている。日本そばと区分する必要があるということが示しているように、沖縄そばは、日本そばとは大きく異なり蕎麦粉は利用されず、すべて小麦粉から作られているところに基本的な特徴がある。

この沖縄そばの起源は、一四世紀末に中国の明から伝わったという説がある一方で、一五世紀から一九世紀にかけて中国の冊封使が琉球王朝に伝えたという説明がなされている。当時は非常に貴重な小麦粉であったため、一般庶民の料理ではなく、宮廷料理としてスタートしたとされている。それ以降、大正時代にいくつかの進化プロセスを経て独自の発展を成し遂げ、また、戦後になると国際通りといった中心地を背景に大衆食堂が増え続け、現在では、多くの地域住民に親しみ深い庶民料理として定着した。

沖縄そばはそば粉を用いていないことから、「そば」の名称についてクレームをつけられていたのだが、多くの先人たちは「沖縄そば」という名称を守る努力を行い、一九七八年一〇月一七日、公正取引委員会から蕎麦粉を使わなくても「本場沖縄そば」という名称を認可されている。この日を記念するため、毎年一〇月一七日を「沖縄そばの日」と制定している。ここでは詳細に取り上げないが、これまで独自の食文化を守り継承するために、多くの努力が積み重ねられてきた。このような活動は現在も続いているのである。

二　沖縄そばのブランド化と「沖縄そば博」の挑戦

冒頭でとりあげたとみとんのショッピングモールの一角で、常設の「沖縄そば博」が展開されている。これは、これまで「沖縄そば博覧館」として那覇市で活動を行っていたものを現在の名前に変え、また、より多くの観光客がアクセスできる場所へ移すことにより、沖縄そばのマーケットをさらに拡大しようとする試みである。

沖縄そば博が位置するとみとんのパティオ・フィエスタに入ると、沖縄そばを代表する五つの有名店が集まっている。それぞれ、「はごろも屋」「うるくそば」「すば家 - 川」「大東そば」

写真10―3　沖縄そば博の店舗リスト

写真10―4　沖縄そば博には有名店が軒を連ねる

「我部祖河食堂」である。一つの場所で様々な沖縄そばの魅力を体験できるという大きなメリットを提供しようとしているのである。ここ数年間、着実に観光客の集客力を蓄積してきた「あしびなアウトレットモール」と隣接していることも大きな地理的なポジティブ要因であろう。

二〇〇七年度に沖縄県観光商工部が行った調査研究は、非常に興味深い結果を示していると同時に、これからの沖縄地域のさらなる発展可能性を示唆している。(2)このアンケート調査は大きく二つのカテゴリーを対象として行われた。それは、まだ沖縄県を訪問していない国内観光客と一度以上沖縄県を訪れている国内観光客である。

この調査結果によると、前者である未訪問観光客が好む旅行タイプの上位三つは、それぞれ、「温泉」(七三・九%)、「グルメ」(六七・一%)、「自然や景勝地」(六三・四%)であった。次に、「のんびりとすごす」「歴史や文化的な名所」「世界遺産」が続いている。これらが、おそらく日本国内の一般的な観光客の選好度を示すものであろう。観光マーケットの一般的なニーズがこのようになっていることに対して、沖縄県の旅行対象地としての魅力は以下のようになっている。沖縄の魅力として期待されている上位三つは、「ダイビング」(七八・〇%)、「海辺で楽しむ」(七八・〇%)、「釣り」(五四・五%)であった。一般的に二番目に好まれるとされた「グルメ」の場合、沖縄地域では、一八番目と非常に低い認知度となっている。

以上は、沖縄県をまだ訪問していない潜在的観光客のアンケート結果であった。では、すでに一回以上訪問した経験がある観光客のアンケート結果を見ることにしよう。これらの観光客が選んだ沖縄の魅力の上位三つは、「ダイビング」(八六・一%)、「海辺で楽しむ」(七八・五%)、「ロングステイ」(七三・四%)であり、「のんびりと過ごす」「リゾートホテル宿泊」「癒しを求めて」が続く。注目すべき「グルメ」に関しては、一九番目と未訪問者の結果よりワンランク下げている。

この大きなギャップこそが、これからの大きな新しいマーケットを生み出してくれる背景になるのではないかと思われる。「温泉」という旅行タイプは、比較的に不利な条件の下にある沖縄県としては短期的に大きな成果を望めないものの、「グルメ」に関しては、不利な地理的な条件さえ「本物」の付加価値をもったコア・コンピタンスに変えうると同時に、独自の食材と料理方法で発展してきたユニークかつ長い年月を感じられる強力な観光資源になる可能性が高いであろう。新しい技術と商品を創り上げること以上に、新しいマーケットと顧客を創出することも大事であり、現在はこれからのイノベーション活動が問われる時期であろう。

三　新たな「沖縄ソーキそば缶」の展開

那覇空港から車でモノレール沿いに一〇分ほど進むと、小禄という場所に位置する沖縄産業支援センターに着く。一九九一年に建てられた当センターは、「沖縄の産業を育て、沖縄の産業人を育てる総合センター」というキャッチフレーズのもと、沖縄県における中核産業育成と新産業創出支援を行っている中心的な施設である。豊富な経営資源を有しているわけでもなく、また本土から遠く離れているという距離的な制約もあることから、なかなか県内から自発的に新産業創出と中核産業を育成することが困難な環境の中にある。

当センターこそ既存の産業と新産業の両方における産業支援活動の重要な役割を担っていく

ことが期待されている。
七階建ての当センターの四階には、インキュベーション施設が設けられ、二〇〇八年現在、十数社の企業が入居している。同じフロアに位置している沖縄県産業振興公社の紹介で、インキュベーション施設に入居しているライフトラスト社に訪問することができた。地元の沖縄そばを題材として非常にユニークな商品を開発中であり、もうすぐ販売活動に移るとのことであったため、お話を聞かせていただいた。ここでは、沖縄県の伝統的かつ代表的なグルメ商品である沖縄そばを用いて、これまでとはまったく異なった視点から新製品を開発し、新たなマーケットを創造しようとする当社のケースを取り上げよう。

ライフトラスト社の取り組み

ライフトラスト社を創業した與古田清順社長は、沖縄県出身の人ではあるが、一四歳の中学校時代、都会の町にあこがれて、これまで交流をもっていた親戚がいる大阪に一人で留学することになった。それ以降、中学から大学まで終え、二〇〇七年九月、産業支援センターに入居するまでの約二十数年間を大阪で生活した。大学で経済学を専攻した與古田社長は、不動産関連の事業を行っている実家の影響もあり、大阪の不動産業に就職することになるが、チャンスがあれば新しいビジネスを行ってみたいと常に思っていた。この時期はまだ漠然としていた目

写真10―5　ライフトラストの與古田社長

標ではあったが、数年後、大阪でレストランの店長を行っていた大学時代の友人と再会することから、食品関連の仕事の魅力を強く感じることになった。

料理を専門にしていなかったことから、自ら料理を作る仕事はできないものの、飲食店の川上部門に当たる食品関連の仕事であれば可能であると判断した。現在のライフトラスト社のモットーは、社名からも少し捉えられることができるように、健康に良く安心かつ安全な食材を提供することである。さらに、単に安心かつ安全な食材を提供するだけではなく、何かこれまでなかったような付加価値をつけることを目指しており、これが面白さであった。面白さとこだわりをもった食品の商品を開発し提供しようとしているのである。

このような構想から、二〇〇四年に大阪でイタリアンレストランを経営しながら、一方で全国の農家を回り、ユニークかつヘルシーな食材探しと新商品開発を行ってきたのである。このような努力を積み重ねてきた結果、生まれたのが、現在のライフトラスト社であり、発売を目指している「沖縄ソーキそば缶」という沖縄そばの缶詰商品である。

全国マーケットを視野に

沖縄ソーキそば缶という商品は、東京の秋葉原で有名になった「おでん缶」の沖縄そばバージョンとして理解していただければ、そのイメージをつかめるだろう。與古田社長が、秋葉原のおでん缶を考案しヒット商品とさせたチームとともに、北海道から沖縄に至るまでの全国のご当地麺を「ラーメン缶」シリーズとして出してみようという企画に参加しコーディネートをしていたことは、現在の新商品開発に大きく影響を与えた。また、沖縄ソーキそば缶に入るそば麺の原料がこんにゃくであることも、上述したラーメン缶シリーズと深く関連している。

ただ、ラーメン缶シリーズのスタートは、古くから存在していたおでん缶のラーメンへの展開という点のほかに、もう一つの背景を持っており、それは二〇〇四年に起きた新潟県中越地震に遡る。これまで付き合いしていた東京のラーメン屋の店主から、地震といった災害時に利用できる非常食として、ラーメンの製品を作ってみるのはどうだろうという提案から始まったのである。このような背景からスタートしたラーメン缶ビジネスは、順調に伸び、全国二万台という専用の自動販売機が設置されるまでに至った。沖縄県内においても、約百台の自動販売機が、それほど広く普及されていないように見えるものの、県内のあらゆる場所に設置され、

写真10—6　沖縄ソーキそば缶の試作品

観光客のみならず意外に地元の人びとに受け入れられているとのことである。

沖縄ソーキそば缶は、以上のようなラーメン缶シリーズの延長線にあるものであったが、既存のラーメン缶よりもう少し面白さをつけることができないのかという発想から生まれた商品である。また、全国の一般的なラーメンとは、その原料も味もかなり離れている沖縄そばを、全国マーケットを対象とした商品として作り上げるための工夫も施されている。

「沖縄そばというものは、沖縄の人はよく食べるのですが、本土の人の場合、食べる機会が少ない。僕らは慣れ親しんでいるのでよく食べるのですけど、味に親しみがない方も結構いるということです。そういう人のために、試行錯誤を行い、より多く食べていただくためにはどうすべきなのかを悩み続けて、ついたところが、昆布だしでありました。沖縄そばには入ってないものであるが、これを若干入れることによって本土の人にも口当たりがいけるようなものを研究しました。(3)」

面白さの沖縄「グルメ食品」

與古田社長は、競合相手の商品との差別化を図るため、沖縄そばの缶詰製品を作る際に発生するこんにゃくの臭さを軽減する努力を重ねていった。地元の沖縄そば業者とこんにゃく麺業者との共同研究を進め、このこんにゃくの臭さを抑えると同時に、こんにゃく麺とより馴染みやすい沖縄独特のスープを考案することになる。沖縄そば製造企業を退職した職人を探し出し、四〇～五〇年前に使われていた伝統的な製造機械を再現させ、新しい味を創り上げた。さらに、通常のカップ麺製品に比べ、四分の一から六分の一に当たる、一缶あたり四五カロリーとヘルシーなことも、この商品の魅力の一つである。また、現在もより安全な製品を目指し、殺菌処理の徹底化と長期保存のために含まれる化学薬品を自然素材に代替させる研究も大学研究機関等の共同研究を通じて進めている。

ライフトラスト社の「沖縄ソーキそば缶」は、二〇〇八年七月四日に、那覇空港内の売店と「おきなわ屋」といった県内のお土産店から販売が開始された。本来、災害時の非常食としての開発背景をもつこの商品は、三年間の保存が可能なため非常食としての利用も可能であるが、面白さという付加価値をもつ沖縄県のグルメ商品として、観光客のマーケットを対象として今後の展開が期待される。近い将来には全国展開も計画している。ただ単なる沖縄県地域の沖縄そばという特産品としてではなく、地域グルメの発展を牽引することのできるような、また新たなマーケットを創出することのできるような突破口の一つになることが期待される。

四　歴史ある沖縄そばをブランド化するために

一八世紀のフランスの小説家かつ哲学者であったヴォルテールは、「歴史とは、意見の一致した嘘である」という鋭い洞察を残している。元マイクロソフト社のインターネットエクスプローラ開発者の一人であるスコット・バークンは、最近の著書で、私たちがいかに歴史の記述に惑わされているのかを、繰り返し注意している。アイザック・ニュートンのリンゴによる重力の発見と、大英博物館のロゼッタストーンのメタファーをとりあげながら、歴史とはいかに事後的に美化されるものなのかを強く指摘している。(4)

新たな歴史を作る

二〇〇六年三月に中国の北京を訪れた時、非常に興味深いことを耳にすることができた。月から肉眼で確認できる数少ない人工建築物として、また、世界遺産としてよく知られている万里の長城を訪れた時、一部の区間で補修工事を行っているところを見かけることができた。数千年という長い歴史をもつことから、もちろん現状を維持するための補修工事は重要な作業である。ただし、現場では、単に補修のみを行っているわけではなく、一部では新たに城壁を建てているのであった。ここですぐ思い浮かぶ疑問は、何千年の歴史をもつからこそ貴重な世界遺産として評価され、また、観光名所として地域に貢献しているのであろうにもかかわらず、新たに建てる城壁にどれほどの価値があるのか、ということである。しかしながら、これに関する現地の関係者の認識は大きく異なっていた。新たな建築物が、今ではそれほど大きな意味を生み出さないものの、これもまた百年後もしくは数百年後になれば、立派な歴史的遺産になるということである。百年単位という比較的に長いスパンの長期的な視野をもつことと、歴史とはいかなるものなのかをよく理解していることの二つの点で、大きな刺激を受けた。

また、東京都八王子市の産業振興部関係者とのインタビューによると、現在の八王子市は、ラーメン街の整備と関連企業への助成などを通じて、地域活性化を試みているという。しかし、日本全国のラーメンの名所は、驚くほど多くあり、その歴史も競争力も非常に高いレベルに達している。このように激戦を繰り返すラーメン市場に後発で参入することは、無謀といわれても仕方がないほどの、大きな勇気の要る判断であっただろう。しかしながら、三〇年後、百年後を見据えて、これまでなかった新たなラーメンのマーケットを創り上げ、地域を活性化しようとすることにおいては、まったく遅れを取っていないことになろう。

新たな価値の創造

歴史と伝統をもつ既存の産業においても、今後の発展可能性は決して小さなものではないであろう。まったく新しい分野へ果敢に挑戦することはもちろん大事なことではあるが、これまで私たちが常に触れてきた馴染み深い既存の領域においても、マーケットを拡大させ全体の規模を押し上げることのできる可能性は存在する。これまで積み重ねてきた地域の歴史と伝統という貴重な経営資源を再確認し有効に活用することこそが、地域の「食」ブランド化作業のベースとなるのではないかと考える。

ただ、ライフトラスト社の事例から読み取れるような、既存の視点の再構築は今後必要な作業となるであろう。世界的な企業環境変化に深い洞察力をもつダニエル・ピンクは、「デザイン、物語、全体の調和、共感、遊び心、生きがい」の六つの感性が大事であると述べている。[5]情報化という「第三の波」を明らかにしたアルビン・トフラーも、このような感性から生まれるコンセプトが情報に代わる「第四の波」として次の社会を主導するとし、ピンクの指摘に同意する。また、カリフォルニア大学バークレー校教授のロバート・ライシュも、これから成長する分野として、「健康、娯楽、他人に対する魅力、知的刺激、ふれあい、家族の幸福、金銭的な保証」の七つのキーワードを指摘している。[6]一橋大学大学院国際企業戦略研究科の楠木建准教授も、価値という見えない次元の競争を強調し、できることを意味する「機能」から良さ

を意味する「価値」を生み出すモデルを創らなければならないと述べている。(7)

所得格差の急速な進展を背景とした市場の両極化という現象は世界中で大規模に進んでおり、日本全国および各地方地域もこの例外ではない。日本全国もしくはグローバル市場を対象とした事業展開が避けにくい状況となるのであれば、市場の両極化を十分に理解し、ユニークな付加価値をもった商品開発戦略が大きな課題となるであろう。

（1）沖縄県南部地域の現状の詳細は、崔珉寧「糸満海人かまぼこ──沖縄の漁業のまちの取り組み」（関満博・古川一郎編『中小都市の「B級グルメ」戦略』新評論、二〇〇八年）を参照されたい。
（2）沖縄県観光商工部『平成一九年度観光統計実態調査報告書』二〇〇八年。
（3）二〇〇八年五月二八日、筆者による與古田清順ライフトラスト社長へのインタビュー。
（4）スコット・バークン（村上雅章訳）『イノベーションの神話』オライリージャパン、二〇〇七年。
（5）ダニエル・ピンク（大前研一訳）『ハイコンセプト』三笠書房、二〇〇五年。
（6）ロバート・ライシュ（清家篤訳）『勝者の代償』東洋経済新報社、二〇〇二年。
（7）『日経ビジネス』二〇〇八年二月四日号、三八頁。

終章　「ご当地ラーメン」の再発見

古川一郎

「ラーメン」と「地域の活性化」、この二つには想像以上に深い結びつきがあった。本書を読まれた読者はそのように感じられたのではないかと思う。しかし、なぜ「ラーメン」なのか。その理由を探ることは、これから地域の活性化を考えていこうとしている方々にとって参考になるように思われる。そこで、終章では「ラーメン」に隠された秘密にスポットを当ててみたい。

一　メディアとしてのラーメン

ラーメンと聞いて思いつく映画がある。故伊丹十三監督の『たんぽぽ』である。亡夫の跡を継ぎラーメン店主になるべく悪戦苦闘している宮本信子演ずる主人公「たんぽぽ」、そのたんぽぽにラーメンづくりを指南する山崎努演じるトラック運転手吾郎、そして大三元という近所のライバル店の店主、大三元の店内での彼らのやり取りが面白い。こんな感じである。

吾郎「俺がスープ飲まないのは飲めねえからさ。まずくて、飲めねえんだよ！」

店主「なにを！」

吾郎「スープは煮すぎてとんこつの臭みが出てるし、豚の匂いを消すために入れた野菜もこれじゃあ甘みが出すぎていやみだ。丸みを出すための昆布もくどい」

たんぽぽ「そうよ、それにこのスープ。背黒いわしを使っているけど、背黒いわしははらわたがくさくてラーメンのスープには向かないわ」

店主「なんだと。手前らみたいなど素人に俺んちのラーメンの味がわかってたまるか！」

たんぽぽ「だって、おじさん。ラーメン食べるのはそのど素人なのよ。素人にわからない味のラーメン作ってどうするの」

吾郎「そうだ。この麺は寝かしすぎてかん水が芯までしみこんじまってる。食べると、かん水のにおいがぷんとする」

たんぽぽ「今日みたいな雨の後は、かん水は少なめでいいのよね」

吾郎「そうだ。チャーシューも茹ですぎてぼうふらみてえだ」

たんぽぽ「シナ竹だって、塩漬けじゃなくて水煮を使っているから、歯ごたえも風味ももうひとつなのよね」
店主「チッキショー！」

三人の会話は実に小気味よく続くのだが、このようにラーメンには人びとを熱く語らせる何かがある。なぜ、ひとはラーメンについて熱く語るのか。なぜ、それが映画になるのか。なぜ、このようなラーメンをめぐる会話をほほえましく思うのか。そもそも人びとの間でラーメンをめぐる話題が生まれ、それが社会に広まっていくのは何故か。実は、話題を作るということは、地域おこし、地域の活性化のきっかけ作りとして極めて重要な作業である。そこでまず、「話題になる」とはどういうことか、そのことについて少し理屈っぽく考えてみたい。

話題作りに必要な条件――関心の共有、事前知識、メディア

話題になるための必要条件には、どのようなものがあるのだろうか。コミュニケーションに関する理論からいくつかあげてみよう。まず第一に、人びとの間で関心が共有される必要がある。馬耳東風という言葉があるが、話し手側がいくら力んでもそれだけでは対話にならないからである。莫大なお金をかけた広告キャンペーンでも、発信者と受け手の共通の関心事になっていない場合には失敗することがままある。つまり、当事者の双方の興味が、緩やかにでも一

致するテーマを選択することが重要である。

さらに、対話が成立するためには、会話の対象についての事前知識をある程度共有していることも必要である。これが第二の条件である。この事前知識には言語も含まれる。言語が共有されていなくても、身振り手振りや相手の表情からある程度意思疎通が出来るという人がいるかもしれない。しかしこれも、身振り手振りの知識がお互いに緩やかに共有されているから出来ることである。ラーメンを一度も食べたことも見たこともない人に、ラーメンの話をして理解してもらうのは難しい。日本人ならほとんどすべての人が、ラーメンを食べた経験を持っているはずである。このことはたいへん重要な条件である。

第三の条件は、何かを伝えるためにはその何かを伝えるための媒体、すなわちメディアが必要になるということである。直接相手に向かってしゃべっているのであれば、音声、表情、身振りなどがメディアとなる。メディアにメッセージを載せて発信するというのがコミュニケーション理論の基本である。一般的にメディアといえば、テレビ、新聞、ラジオ、最近ならインターネットということになるだろう。しかし、メッセージを伝えるための媒体というように広く定義して考えれば、実は「ラーメン」そのものを、それを体験する時間と空間の中でメディアにすることが出来ることが分かる。

コトづくりの条件――特定の時間と空間でテーマ設定

この点については少し補足が必要だろう。バレンタインデーのチョコレート、婚約指輪のダイヤモンド（しかも給料三カ月分の）、ボジョレヌーボーといった事例を思い浮かべてもらえば、言わんとしていることがお分かりいただけるのではないか。女性から男性へ愛を告白するためのメディアがチョコレートであり、男性から女性への愛の告白と決意表明のためのメディアがダイヤモンドの指輪であり、一一月の第三木曜日に気の合う仲間同士で騒ぐためのメディアがボジョレヌーボーなのである。

いずれの場合も、それぞれ特定の時間と空間の中でテーマが設定され、形のない意味を伝えるための素材が選ばれている。ある地域、ある時点で、地域の活性化のための対話の促進というテーマが掲げられ、ラーメンがメディアとして選ばれるときに、「ご当地ラーメン」が新たなメディアとして誕生し、その価値が生まれるのである。メディアになりうるということが、ご当地ラーメンの持つ最大の特性である。

すなわち、より一般的にいえば、「B級グルメ」を話題作りのための仕掛けの一部として考えることが可能なのである。もう少し正確に言えば、味がどうのこうのよりもむしろ「どうすれば話題になるか」を真剣に考えなくてはならない。もちろん、以前から繰り返し述べているように、地域の人びとから何十年も愛され続けてきたものに、不味いものがあるはずがない。

味についてはすでに十分な検証がなされていると考えて良いのである。話題を作りやすいかどうかが、素材としてのB級グルメに求められる最重要課題なのである。以下では、話題作りにより人びとを巻き込み、人びととの対話を活性化することを「コトづくり」と呼ぶことにしたい。[1]

B級グルメを使ったコトづくりの典型的な成功例として、富士宮やきそばの事例をあげることが出来る。[2] 富士宮市では、地元で長年食されていた無名の「やきそば」、つまりただのコモディティを「富士宮やきそば」として見事にブランド化することに成功し、地域の活性化に一役も二役も買わせている。「富士宮やきそば」をネタにして、様々な人びとを巻き込み、人びとに地域の活性化について対話するきっかけを作ったことは特筆に値しよう。

市長、知事、さらには他県の市長、知事まで巻き込み、とうとう全国のB級グルメの祭典「B―1グランプリ」の開催地（二〇〇七年、第二回）となり、テレビ、新聞、雑誌などの全国メディアでも取り上げられるコトづくりにまで至ったことには、マーケティングの専門家としても大いに興味をかき立てられる。

二　メディアとしての「食」のポテンシャルを考える

日本人の多くは、特に「食」にこだわりを持っていると思われる。四季折々の旬の食材は多彩で食味に満ちている。世界中のグルメが参考にするミシュランガイドに最も多くの店が選ばれている東京は、その編集総責任者をして「世界一の美食のまち」と言わしめている。最新の二〇〇九年版では、パリと並んで三つ星レストランについても最も多いまちになった。東京だけでなく、地方を旅すれば都会では味わえない美味をたくさん見つけることが出来る。このようにみてくると、日本は間違いなく世界屈指のグルメ大国である。したがって、「食」は話題を作る上で極めて有望な候補素材である。

メディアになる素材の選択と新たな意味づけ

地域の活性化のためにはまず、必ずしも利害が一致しない人びとが話し合うことが重要である。そのような対話の促進のためには、心を開いて向き合えるような状況を作らなければならない。そしてそこには人びとの心をまとめる話題作り、そのために必要なメディア素材の選択、その素材に対する新たな意味づけが必要になる。これまでの議論をまとめると、以下のようになる。

① 地域活性化のためには、「**多様な人びと**」が積極的に関わりを持たなくてはならない。
② そのためには、「**対話が行われる状況**」を生み出さなくてはならない。すべての知識は

対話から生まれるのである。

③対話を始めるきっかけを作るには「**話題作り**」が重要である。

④話題作りには、多くの人が関心を持っている「**テーマ設定**」が重要である。その際、地方の地域にとって「**食**」は常に有望な候補である。

⑤**メディアとなる素材**は、「分かりやすく」、より多くの人が「体験」しているものが望ましい。

⑥メディア素材には、「**意外性**」や「**エンターテインメント性**」が無くてはならない。イメージしたときにワクワクするようなものが望ましい。

⑦メディア素材は「**地域**」と深くつながっており、さらには「**物語**」を持つものでなくてはならない。

⑧そして「**新しい物語**」が作られ続けなくては、コトづくりは長続きしない。

⑨対話の輪が広がっていくために、話題作りには常に「**新規性と継続性**」が必要である。

ラーメンはこのような性質を多く持っているが故に、本書でも取り上げられているように、対話を生み出し地域を活性化するケースが頻繁に観察されることになる。

麺類の中で際立つポテンシャル

それでは、ラーメン以外の麺類のポテンシャルはどの程度高いのであろうか。グルメ大国日本における多様な料理の中でも、麺類の種類の豊富さは特筆に値しよう。そば、うどん、ラーメン、パスタ、素麺などはいわば国民食といえるし、春雨やビーフンを使ったアジア系麺料理も多くのファンを獲得している。しかしこれらの中でもラーメンは、とりわけその多様性と革新が続いている点で、まさにB級グルメの王様と言っても良いのではないか。北は旭川ラーメンから南は沖縄そばまで、麺もスープも同じ範疇の料理とは思えないくらいバラエティに富んでいる。トッピングされる具材も様々で、当然味も多様である。しかも、それぞれの銘柄の内部で、伝統の味を守るだけでなく日々新たな挑戦が続けられている。

これは他の麺類にはない特性であるように思う。一部地域で「コロッケそば」などのいわば異端児が駅の立ち食いそばとして存在することはあっても、そば、うどん、素麺などはラーメンに比べればバラエティに乏しい。やや脇道にそれるが、ラーメンやパスタなどカタカナ表記されるもの、つまり比較的歴史が浅いと思われるものが味のバラエティに富んでいるのは、偶然ではないのかもしれない。例えばパスタなら、明太子や納豆のパスタ、醤油ベースのあさりボンゴレなど、日本の食材・味覚と組み合わせ、本場のイタリア人もびっくりするような新しい料理を創造した例が多い。これらは、外国から入って来たものが、和魂洋才の日本人の文化・日本独特の食文化に適合していくプロセスの中で、突然変異的に生まれてきたものであろう。しかしパスタに関しては、地方都市でなく東京から始まり普及した点、まだ歴史が浅い点などもあって、各地域の「ご当地パスタ」というのはあまり聞かない。

また、ラーメンやパスタなら、意外性があり多少びっくりするようなものを作ったとしても消費者に受け入れられやすい点も興味深い。「ケチャップそば」や「豚骨素麺」がないのは、やや不思議ではある。伝統を守りそれを極めていくイメージの強いそれらの麺類は、残念ながらその分、話題性に乏しい。そのせいもあるのだろうが、そばの場合「ご当地そば」としてみても、どこにオリジナリティがあるのか分かりにくいケースがほとんどである。

ラーメンは、様々なバリエーションがあっても、いずれも人びとから「ラーメン」として認知される。すなわち、多様性を示しながらも「ラーメン」としての統一感を持ち続けているのである。

「ご当地ラーメン」と「地域の活性化」

「ご当地ラーメン」といわれる所以は、その地域に特有の素材が活かされると同時に、それが全国区に出ればラーメンという共通のカテゴリーとして認知される点にある。各地域の人びとが、それぞれ地域で採れる食材を用いて、その地域特有の味を生み出している。そこには地元で生まれ、何十年もかかって育まれてきた歴史があり物語がある。このように見てくると、ラーメンの持つポテンシャルの高さが理解できる。この性質が、人びとの心をつなぐメディアとして適しているのである。

しかし、ラーメンにも弱点がありそうである。素材として見た場合、存在感が大きすぎるが故にテーマがおろそかになる可能性がある。ラーメン店や製麺業者が繁盛することはもちろん悪いことではないが、それだけでは面白くない。地域と協力して「ご当地ラーメン」を盛り上げ、地域全体を元気にすることを忘れてはならないと思う。

仮に個々のラーメン店が繁盛することだけを目的とした場合は、単なる一時的な流行現象で終わってしまう可能性が高い。特定のラーメン店だけが成功し、地域が盛り上がらないのでは、「ご当地ラーメン」の意義が薄れていくであろう。それでは、地域の多様な人びとの間に継続的にコミットし、活発に対話を続けることが難しくなってしまう。「ご当地ラーメン」と「地域活性化」というテーマは、地域の人びとに「勇気」を与え、新たな価値を生み出し続けていくような形で設定される必要があろう。

三　コトづくりと社会資本の再生

「B―1グランプリ」のような試みは、まさしくコトづくりと言える。人びとはコトづくりを通じて、体験を共有し対話を行う。このようなコトづくりの果たす役割について次に考えてみたい。

コトづくりと新たな価値の創造

「これは一人の人間には小さな一歩だが、人類にとっては大きな一歩だ（That's one small step for [a] man, one giant leap for mankind.)」。一九六九年七月、アポロ一一号の歴史的な瞬間を固唾を呑んで見守っていた世界中の人びとは、アームストロング船長のこの言葉に共感と感動を覚えたはずである。サターン・ロケットの巨大な船体が地上を離れていくすさまじい光景、はじめて目にする月から見た地球の美しさ、月面の静寂とした世界などの映像は、多くの人びとに科学の時代の到来を強く感じさせた。この華々しい成果は、一九六一年のケネディ大統領の「人類を月に送る」というテーマ設定から始まった。

このようにあるテーマに従って意図的に立ち上げられたプロジェクトが、新たな関係性の創出と、人びとの意識や行動の変容につながることがある。「人類を月に送る」という当時としてはこれ以上ない魅惑的なテーマ設定に沿って、無数のプロジェクトが立ち上げられた。アメリカが輝いていた時代、巨額な予算が惜しげもなく使われ、それらのプロジェクトは互いに協調し合いながら、アポロ計画がなければ出会うことのなかった多くの優れた才能を同じ夢に向かって結集することとなった。そして、それまで解決できなかった多くの問題を乗り越えていった。

その過程で生まれた多くのイノベーションの中には、のちに民生用に転用され、身近な製品として利用されたものも少なくない。すなわち、このような巨大なプロジェクトは、直接的には関わりの無かった多くの人びとまでをも巻き込み、人びとの意識や行動を変え、新しい時代を切り開いていく原動力となるのである。

コトづくりが果たす役割とは何か。バレンタインデーからアポロ計画までに共通するものを考えれば明らかである。それは、コトづくりを契機として、人びとが対話を通じて新たな知識・新たな価値を生み出すことにある。だからこそコトづくりを真剣に考えることに意味があるのである。

すでに何十年も前から、知識基盤社会の到来が指摘されてきた。社会に価値をもたらす最大の資源は知識だという考え方である。そして知識とは、人びとの対話から生まれることを忘れてはならない。

問題は、そのようなことは重々わかっていても、なかなか質の高い対話が起きないことである。そこで、なぜ対話が起きないのか、つまり対話を妨げる要因についても触れておく必要があるだろう。一言で言えば、それは不信感ということになる。互いに相手を信頼するから心を開いて対話ができるのである。大事なこと、利害が対立することについてこそ、対話に高い質が求められるが、往々にしてそのような状況に限って人は相手を信頼しなくなる。だから、困っているときほど有意味な対話がなかなか起きないのである。

地域活性化には社会資本の再生が求められている

それでは、そのような状況から抜け出し、利害の一致しない相手とも実のある対話ができるようにするにはどうしたらよいのだろうか。まず重要なのは、地域の人びとの間に一体感を醸成し、自分の周りだけでなく地域を愛する気持ちを共有していくことである。その場合、自己の利益ばかりでなく、地域全体の利益と摺り合わせ、場合によっては自己の利益を犠牲にし、全体の利益を優先させなければならない時も出てくるだろう。

このように、地域の人びとが立場を超えて、地域社会をより良くするためにお互いに助け合うよう努めることを、社会資本（ソーシャル・キャピタル）と呼ぶことがある。残念ながら近年、欧米型の金融市場原理主義に冒されて、そのような社会資本が日本の各地で疲弊していっているように思われる。

そのような社会資本の減少は、大都会よりも地方の市町村に厳しく作用するようである。現在、人口数万人規模の地方都市は、経済的に衰退しているところが少なくない。人口減少、雇用の縮減、商店街の空洞化などが進み、まちが寂れていく。その悪循環を断ち切り、新たな価値を生み出すために、今こそ社会資本を再生する必要があるのではないか。

徳島県の中山間地では、山に自生する葉っぱを「つまもの」として、数億円のビジネスに変えたまちがある(3)。それまでゴミだった葉っぱが、立派な地域資源になったのである。もちろん個人で出来ることは限られている。葉っぱを数億円のビジネスに変え、埋もれている地域資源を活かすには、地域の人びと同士の協力と連携が必要不可欠であろう。

ラーメンはいわばほんの一例にすぎない。「食」をはじめとする地域資源を再発見し、それを軸にコトづくりを構想し、社会資本を再生し、対話により新たな価値を生み出し、さらにそれを大きく育てていく可能性は、どの地域にも存在している。「ご当地ラーメン」の再発見は、それまで気がつかなかった新たな地域資源の再認識であった。地方には大都会の人びとが思いもつかないすばらしい地域資源が眠っている。それを改めて見出し、「わがまちの資源」として活かしていって頂きたい。

（1）コトづくりについては、常盤文克・片平秀貴・古川一郎『反経営学の経営』東洋経済新報社、二〇〇七年、を参照されたい。
（2）「B—1グランプリ」と「富士宮やきそば」については、古川一郎「静岡県富士宮市／『やきそば』が地域活性化の起爆剤」（関満博・古川一郎編『「B級グルメ」の地域ブランド戦略』新評論、二〇〇八年、第七章）を参照されたい。
（3）株式会社いろどりホームページ（URL:www.irodori.co.jp/）。

執筆者紹介

関　満博　（序章、第8章）

古川一郎　（第3章、終章）

酒本　宏　（第1章）
1962年　北海道生まれ
1986年　北見工業大学土木工学科卒業
現　在　㈱KITABA代表取締役社長

尾野寛明　（第2章）
1982年　埼玉県生まれ
2008年　一橋大学大学院商学研究科修士課程修了
現　在　一橋大学大学院商学研究科博士後期課程

山藤竜太郎（第4章）
1976年　東京都生まれ
2006年　一橋大学大学院商学研究科博士後期課程修了
現　在　日本学術振興会特別研究員（PD）博士（商学）

及川孝信　（第5章）
1966年　岩手県生まれ
1989年　早稲田大学理工学部数学科卒業
現　在　早稲田大学大学院公共経営研究科専門職修士課程、㈱MT＆カンパニー代表取締役社長

立川寛之（第6章）
1970年　神奈川県生まれ
1993年　東京農工大学農学部卒業
現　在　八王子市市民活動推進部協働推進課主査

松永桂子　（第7章）
1975年　京都府生まれ
2005年　大阪市立大学大学院経済学研究科博士後期課程修了
現　在　島根県立大学総合政策学部准教授博士（経済学）

西村裕子　（第9章）
1984年　広島県生まれ
2008年　一橋大学社会学部卒業
現　在　一橋大学大学院商学研究科修士課程

崔　珉寧（第10章）
1972年　韓国釜山市生まれ
2005年　一橋大学大学院商学研究科博士後期課程修了
現　在　沖縄大学法経学部専任講師　博士（商学）

編者紹介

関《せき》　満博《みつひろ》

1948年　富山県生まれ
1976年　成城大学大学院経済学研究科博士課程修了
現　在　一橋大学大学院商学研究科教授　博士（経済学）
著　書　『メイド・イン・チャイナ』（編著、新評論、2007年）
　　　　『地域産業の「現場」を行く 第1集　地域の片隅から』（新評論、2008年）
　　　　『中国郷鎮企業の民営化と日本企業』（編著、新評論、2008年）他

古川一郎《ふるかわいちろう》

1956年　東京都生まれ
1988年　東京大学大学院経済学研究科博士課程単位取得
現　在　一橋大学大学院商学研究科教授
著　書　『反経営学の経営』（共著、東洋経済新報社、2007年）
　　　　『「B級グルメ」の地域ブランド戦略』（共編著、新評論、2008年）
　　　　『中小都市の「B級グルメ」戦略』（共編著、新評論、2008年）他

「ご当地ラーメン」の地域ブランド戦略　（検印廃止）

2009年2月25日　初版第1刷発行

編　者　関　満博
　　　　古川一郎
発行者　武市一幸

発行所　株式会社　新評論

〒169-0051　東京都新宿区西早稲田3-16-28
http://www.shinhyoron.co.jp
電話　03（3202）7391
FAX　03（3202）5832
振替　00160-1-113487

落丁・乱丁本はお取り替えします
定価はカバーに表示してあります

装　訂　山田英春
印　刷　神谷印刷
製　本　桂川製本

ISBN978-4-7948-0792-2
Printed in Japan